中日ドラゴンズが優勝できなくても愛される理由

喜瀬雅則

光文社新書

目次

序　章　地産地消のコンテンツ

私が、サンケイスポーツのプロ野球担当として初めての番記者になったのは、1994年の近鉄（現オリックス）だった。

当時のパ・リーグは日本ハムの本拠地が東京ドーム、西武が埼玉・所沢、ロッテが千葉だったから、新幹線で東京に向かう機会が格段に多かった。

上りの新幹線だと、名古屋を出発してすぐ右手に見えてくるのがナゴヤ球場。その頃はいつも、横目で眺めるだけの〝通過点〟だった。

会社から、思いも寄らぬ〝助っ人取材〟を言い渡されたのは10月7日の試合後だった。

「明日は名古屋で途中下車してくれ。中日が優勝するかもしれんから」

千葉でのロッテ戦の取材を終え、翌日の予定を打ち合わせるその電話で告げられた。

勝った方が優勝。ミスターこと、巨人軍監督・長嶋茂雄が「国民的行事」と呼んだ、今や伝説となった「10・8」、ナゴヤ球場での中日―巨人戦が翌日に控えていた。

雌雄を決する大一番。その取材を手伝うように、というわけだ。

とはいえ、それこそ野球記者1年目。中日の選手にも巨人の選手にもそれまで取材すらしたことがない。セ・リーグ担当の記者にもほとんど顔見知りがいない。記者席は満杯で、突然やってきた若造には座る席すらなく、立ち見を余儀なくされた。

かったるい。面白くない。優勝したらあれこれコメントを取らされるし、忙しいだけやん。

そんな心の内が、ついつい態度に出てしまっていたのだろう。

中日担当の先輩記者が、とうとうキレた。

「お前、なめとんのか。やる気あるんか」

正直言えば、それでさらにやる気が失《う》せてしまった。

「10・8」から30年……あの日見た中日ドラゴンズを書いている

巨人の4番打者は、その年にFAで中日から移籍した40歳・落合博満だった。2回、中日の先発・今中慎二から先制の15号ソロ本塁打を右中間に運んだ。

「3番・ショート」でスタメン出場した立浪和義は、3点ビハインドの8回、緩い三塁へのゴロで全力疾走。一塁へヘッドスライディングして左肩を脱臼、途中退場となった。

後に自分が「ドラ番」になり、落合と立浪の担当になろうとは、この時は想像だにしていない。

中日は、3—6で巨人に敗れ、優勝を逃してしまった。

先輩は残念そうだった。優勝原稿というのは番記者の腕の見せ所だ。こういう場合、予定稿といって、優勝決定のシーンを描写する行数分を除き、原稿のメーンになる〝あんこ〟と呼ばれるエピソードやネタはすでに書き終え、会社にも送信してある状態なのだ。

その渾身の原稿は、容赦なく「没」となる。

負けたから仕事もない。コメント取りとか、ビールかけの取材とか、面倒なことをさせられなくて、ああ、よかった。

そんな気持ちも間違いなく、全身から漂っていたに違いない。

先輩記者からは、当然ながら？　労《ねぎら》いの言葉もなく、試合後の打ち上げにも誘われず、記者席から慌てて電話して予約した知らないホテルへすたすたと帰った。

今思えば、ちゃんと、しっかりと、あの試合を見ておけばよかった。

このこと、後に書くんやで、とあの頃の自分に言ってやりたい。

あの日の反省から30年、そんな私が今、中日の本を書こうとしている。

ナゴヤ球場のライトフェンスに「サカナクション」

２０１７年７月末に産経新聞社を退社した私は、福岡を拠点とする西日本新聞と業務委託契約を結んだ。博多からよりも神戸に住む私の方が移動距離は短く、経費節減にも繋がることから、ソフトバンクのファームが遠征する「ナゴヤ球場」への取材が増えた。

　ネット裏のスタンド席から試合を見ることになるのだが、右斜め前方に目を移すと、何とも野球場には似つかわしくない？　太い、大きな文字が飛び込んでくる。

「サカナクション」

ナゴヤ球場のライト側にある「サカナクション」広告

　ライトの定位置後方に位置するブルーのフェンスに、白で鮮やかに染め抜かれている。

　それほど音楽に詳しくない方でも、耳にしたことのあるバンド名だろう。

　２００５年に活動を開始した5人組のロックバンドは、２００７年にメジャーデビュー。２０１３年の紅白歌合戦に初出場し、２０１６年には「第39回日本アカデミー賞」の音楽賞で最優秀賞を受賞。プロフィールの一部をご紹介しただけで、即座にそのすごさが分かる。

その「サカナクション」の楽曲のほとんどを制作し、ボーカル兼ギターを担当する山口一郎は、熱烈なドラゴンズファンである。

北海道・小樽で生まれ育った山口だが、父親が岐阜県下呂市出身。「愛三岐《あいさんぎ》」と呼ばれる東海３県のＤＮＡをしっかりと受け継いだせいなのか「僕、完全にドラゴンズファンです」。

音楽活動やライブツアーなどで全国を転々としながらも、プロ野球のシーズン中は常にドラゴンズの試合をネット中継などでチェック。楽曲制作中にも、休憩中の気分転換にはドラゴンズのファームの試合中継を視聴しているというほどのマニアぶりだ。

北海道で生まれようとも、東京で暮らそうとも、それこそ不変の〝ドラゴンズ愛〟は、とうとう？　ナゴヤ球場の右翼フェンスに自費で広告を出してしまうところへ行き着いた。

そこで、筋金入りの竜党にこの本の〝開幕〟を飾ってもらいたいと思い立った。

球団広報の石黒哲男（現ＮＰＯ法人ドラゴンズベースボールアカデミー事務局長）に相談してみたところ、石黒が関係者との橋渡しをしてくれたことで、なんと山口本人に直接話を聞かせてもらえることになった。

山口は２０２２年７月からおよそ１年半、音楽活動を休止していたが、その理由でもあった体調不良から回復。２０２４年４月からは全国ツアーを再開している。

２０２４年2月17日が取材日に設定されたのだが、山口はその前日まで、それこそ寝る間を惜しんで、新たな楽曲制作に没頭していた。

それでも取材前には、沖縄・北谷《ちゃたん》で行われていた中日とＤｅＮＡの練習試合をネット中継でチェック。先発した根尾昂《あきら》の３回無失点に「テンポよく投げて、ちゃんとストライクから入っていましたし、よかったですよ」。２番手の左腕・橋本侑樹の１回無失点にも「めちゃめちゃよかったですね。彼の課題は制球力ですから」。

私は2月７、８の両日、北谷キャンプへ取材に出向いていた。

「打つ方がだいぶよくなっていましたよ」とキャンプで目立った2年目の内野手・村松開人の成長ぶりを報告すると「きょう、打球を顔に当てちゃって……。大丈夫かな？」

こんな感じでドラゴンズ談義は止まらず、20分程度の予定だった取材時間は、いつの間にやら、１時間を軽く超えてしまった。トップクラスのミュージシャンへのインタビューなのに、レコーディングを終えたばかりの新曲や目前に迫っていたツアーの話題などは一切出ず、ひたすらに中日ドラゴンズへ注ぐ愛情と立浪監督への信頼感、球団の再建論、果てはプロ野球球団経営の改革論にまで話は及んだ。

最初から最後まで、山口は愛する中日と野球を実に熱く語ってくれた。

ナゴヤ球場初の〝アーティスト広告〟

ナゴヤ球場のフェンス広告を出すきっかけは「サカナクション」のすぐ左横、同じようにフェンス広告を出している「佐藤あつしクリニック」が大きく関係していた。

ミュージシャンとしてライブツアーなどで全国を渡り歩くため「のどの調子が悪いときとかに診てもらう主治医が、各地にいるんです」と山口。名古屋の主治医が、ナゴヤ球場と同じ名古屋市中川区にある「佐藤あつしクリニック」の院長・佐藤温だった。

佐藤とは、会えばそれこそドラゴンズの話に花が咲く。その中で、佐藤がナゴヤ球場にフェンス広告を出したと聞いて「いいなあ」と山口が思わずつぶやいたときだった。

「じゃあ、出してみる？」

「出せるなら、出したいです」

山口の希望は球団関係者へと届き、２０２２年の開幕前から「サカナクション」の広告が登場。広告は個人出稿の扱いで、１９５２年開場のナゴヤ球場の長き歴史の中でも、山口のようなアーティストが広告を出すのは初めてのケースだという。

「小さい時からドラゴンズが好きで、強かったドラゴンズの象徴のような球場じゃないですか。そこに広告が打てるというのは、自分の〝ドラゴンズ人生〟にとっても、すごく大きなことでしたね」

それこそ、今風にいえば〝推し活〟の一環ともいえるだろう。

とはいえ、何とも下世話な話だが、どうしても「広告費」の方が気になってしまう。

「中古の軽自動車が買えるくらい、じゃないですかね」

笑いながら、そんなヒントをくれた。

そうすると、ウン十万円？　百万円まではいかない、といったところだろうか。

「僕、今、東京にいるんで、中日の試合を見に行くとなると、東京ドームか神宮になるんですけど、名古屋に住んでいたら、多分バンテリンドーム ナゴヤでの試合って、毎回見に行ってると思うんです。となると、1年間全試合を見に行くくらいの費用になるかな？　だから、試合を毎日見に行っている気持ちですね。応援というか、新しい形で、こういう応援の仕方があるんだなって、自分で広告を出してみて初めて分かりましたね」

ファームの試合を、ネット中継などでチェックするのが楽しみだという山口は、その試合前、試合後の練習シーンも見ているのだという。

「練習とかで、選手が外野フェンスの前を走るじゃないですか。あのときに、自分の広告の前を選手が走っていたりするのを見ると、嬉しいですね」

やることなすこと、話すことのすべてが、中日への愛情に満ち溢れている。

北海道で「月刊ドラゴンズ」を定期購読

北海道・小樽で生まれ育った山口だが、北海道に日本ハムが本拠地を移転するのは2004年。だから、1980年生まれの山口の幼少期には、まだ北海道をフランチャイズとする球団はなく、小学校でもクラスメートのほとんどは「巨人ファン」だったという。

そんな中で、山口はたった一人、「C」と「D」がクロスした白いロゴのついた、ドラゴンズブルーのキャップをかぶり、小学校に通っていた。

「ドラゴンズ情報が全く入ってこないから」

山口は父親に頼んで「月刊ドラゴンズ」の定期購読を申し込んだ。

それが月一回、小樽にまで送られてくる。

「ホントに楽しみだったんです。それしか情報がなかったんで」

テレビのスポーツニュースでも、勝ったか負けたかの結果しか流れない。だからこそ、よけいにドラゴンズの選手たちへの思いは募る一方だった。

熱心に追い始めたのは、星野中日の頃だというから、１９８０年代後半のことだ。

「打つ方は、立浪監督が2番ショート、ゲーリー（・レーシッチ）、落合（博満）さん、宇野（勝）さんとか。ピッチャーで言えば郭源治さん、小松辰雄さん、小野（和幸）さんとか、そのあたりですね。すごく強かったころです」

すらすらと、竜戦士たちの名前が出てくる。

２００６年の日本シリーズは、中日と日本ハムの対決。メジャーデビュー前で、北海道でバンド活動をしていた山口は「居酒屋でバイトしていました」。

その働いていた店でも、日本ハムファンが集結して、テレビの前で大声援を送っていたという。しかし、中日に得点が入ると「僕だけ『よしっ』みたいなこと言って、北海道の人じゃない、みたいになってました」と笑いながら当時の孤軍奮闘ぶり？　も明かしてくれた。

「一度ファンになったら、やっぱりブレないですよね。変わらないですよ。いい時も悪い時もずっと応援、一生応援。それも楽しまないとな、というのは感じますね」

なので、ナゴヤ球場のフェンス広告も「出させて頂ける限り、継続させてもらえたらなと思っています」という。

ファームを見る楽しみは音楽の歴史を追うのと同じ

レコーディングや仕事の合間などに山口がもっぱらチェックしているのは、ファームの試合。球団の公式ユーチューブなど、ネット配信で見ているのだという。

「２軍の試合を見ていると、やっぱりすごく面白いんですよ。１軍でうまく活躍できない選手の代わりになる選手が、２軍にいるわけじゃないですか。その選手がどうアピールするのか、とか、その選手が上がって来て、１軍の代打で出たときのメンタリティーとか考えたりすると、よりドキュメンタリーになっていくというんですかね。強いと結果、結果みたいなところに行くけど、弱いと想像力が湧くというんですかね。

基本、音楽もそうなんですよ。古き良き音楽のストーリーを探って、昔のレコードを調べていく、みたいなことと一緒ですね。このミュージシャンが好きな自分が、このミュージシャンが好きだというそのミュージシャンの曲を聞いてみようという風になっていくみたいに、その選手がどういう風に育ってきたのかとか、歴史を追っていくのが好きなんです。こうなると、もうオタクですよね」

そうした〝ドラゴンズとのかかわり〟という観点に立ち、ミュージシャン・山口一郎、サカナクションとファンという関係と照らし合わせると、中日をはじめとしたプロ野球球団が取り組んでいる〝ファン・ビジネス〟に、物足りない点を数多く感じるのだという。

「ミュージシャンとして、ライブビジネスの中ではマーチャンダイジング（商品化）ってホントに大事なんですよ。野球もユニホームとかグッズとかいろいろ出していますけど、ホントに出し方が惜しいな、と思いますよ。音楽だったら、ライブに来てもらえるように活動するのは当たり前で、来てもらった人たちがもっと違った形で応援できるという〝オプション〟を作るということなんです。そこが、野球ビジネスって本当に勿体ないですね」

ファンが選手に何かを言える〝口実〟を作るグッズ戦略

プロ野球をエンターテインメント・ビジネスの一つとして捉える山口からは、そうした改善へのアイディアが、泉のようにとめどなく湧き出てくる。

「我々からすると、選手に強くなってほしいわけじゃないですか。じゃあ、例えば最新のピッチングマシンとかトレーニング機材とかを『このTシャツを買ってくれたら、その売上で買います』とか言ってくれたら、そのグッズ、ファンはみんな買うと思いますよ。それで選手が活躍できなかったら『いや、俺これだけ投資しているのに、もっと筋トレしろよ』とか、選手に何かを言える〝口実〟ができるじゃないですか？　今、テレビで試合見てるだけなのに、SNSでストレス発散みたいにいろいろ言っちゃってる人たちもいますけど、そうじゃなくて、権利をもっと付随させるといいのになと思うんです。そうすると、選手の方だって『言われてもしょうがねえよな』みたいになるじゃないですか」

エンターテインメントの最前線にいるトッププランナーの視線は、やはりユニークだ。プロ野球界の取材の中でも、なかなか聞くことのないプランばかりで、何とも興味深い。

これから本著の中でも言及していくのだが、中日はこうした「エンターテインメント・ビジネス」という観点からすると、時代遅れと言うべきなのだろうか。戦前から脈々とつながる球団の長き伝統と歴史ゆえに変われない、振り払い難い〝しがらみ〟のようなものが、何かと、あちらこちらで目立つのだ。

山口は、その〝古き良き中日ドラゴンズ〟も「好きですけどね」と笑う。

「ちょっと昭和のところがありますよね。それは、ナゴヤ球場にすごく感じます。だって普通にナゴヤ球場で活躍できても、バンテリンドームじゃ活躍できないですよ。環境が違い過ぎます。『2軍の環境が良すぎると1軍に行きたくなくなってしまう』みたいな話をよく聞いたりしましたけど、さすがに『古いな』と思いますね。もうそういう若者たちはいないです。真夏に炎天下であの環境で試合して、疲れ切っちゃって、1軍に上がって活躍できないとなったら、もう本末転倒じゃん、みたいなね。自分が音楽の仕事をやっているというのが大きいのかな？　そういう目線でつい見ちゃうんですよ」

こうした球団経営の『古さ』の功罪を精査していくのも、この本の一つのテーマである。

ライトに『魚』、レフトに『肉』、ならセンターには『野菜』⁇

ソフトバンクに、期待の大砲候補・リチャードという選手がいる。

２０２２年にはウエスタン・リーグの新記録となる29本塁打を放つなど、その驚異的な長打力で、２０２３年もファームながら４年連続本塁打王に輝いている。

当たれば飛ぶ、そのパワーは、きっとそろそろ花開くに違いない。

それはともかく、リチャードがナゴヤ球場に来ると、ベンチからこんな声が沸き上がる。

「ハンバーグ直撃や」

レフトポールのすぐ右横の外野フェンスだ。

「ハンバーグ師匠」

そこには、お笑いコンビ「スピードワゴン」の井戸田潤が、自らのキャラクターとして公言しているフレーズと似顔絵が記されている。

ナゴヤ球場レフト側の「ハンバーグ師匠」

「ハンバーグ師匠、狙ったんですけどね」

ある試合で、フェンス直撃ではなくスタンドインしたというのに、リチャードはちょっぴり残念そうに、そう話してくれたことがあった。書く側の私としても、ちょっとだけ「ハンバーグ直撃」と書いてみたくなる。

ちなみに看板に直撃したからって、ハンバーグが食べられるといった特典はないそうだが、やっぱり話のネタにはなる。

井戸田も、愛知・小牧市出身で、熱烈なドラゴンズファンを公言。山口に続き、２０２３年から、井戸田個人の出資での〝ハンバーグ広告〟が出稿されている。

「井戸田さんも出されて、なんかそういう繋がりができていくというのは、すごく嬉しいですよね。結構、ミュージシャンでも野球が好きな人が多いので、みんなどんどん、出したらいいのにって。出せるなら、っていう話ですけどね」

山口にとっても、そうした〝ドラゴンズ繋がり〟は楽しいことなのだ。

ドラゴンズという存在は、ミュージシャン、そして芸人というパフォーマーたちともこうやってお互いの魅力を引き出せるような、絶妙な〝絡み方〟ができるのだ。

それだけの魅力を持つ、名古屋の「一大コンテンツ」ゆえに、名古屋のドラゴンズファンの間では、こんな笑い話もささやかれているという。

ライトに「サカナクション」で、レフトに「ハンバーグ」。

右が魚、左が肉。

ならば真ん中に「野菜」があれば、栄養のバランスが取れる。

その時、名古屋のファンたちが連想しているのが、地元・愛知県出身のバンド「緑黄色社会」。

野菜を連想させるそのバンド名ゆえに、何とも出来すぎたオチつきの小話だ。

ところが、もうすでに、緑黄色社会とドラゴンズの〝コラボ〟は誕生しているのだ。

名古屋が生んだコンテンツの〝コラボ〟

チアドラゴンズは、プレーボール前にグラウンドでパフォーマンスを行う。

２０２３年、そのテーマ曲となったのが、緑黄色社会の「あのころ見た光」だった。

ラーラララー　ラーラララー
憧れていた自分になれたかな
時の流れに心が追いつかなくて

ボーカルの長屋晴子の透明感あふれる声に乗って、チアドラたちが躍動する。

チアドラＯＧでもある内絵梨香は、２０１２年からチアドラゴンズの振付を担当しているのだが、東日本大震災が発生した２０１１年は、被災地でもある宮城県を本拠地とする東北楽天のチア「東北ゴールデンエンジェルス」の一員だった。

そして内は、仙台に居を移した3日後に被災するという、壮絶な体験もしている。

親類縁者どころか、知り合いすらいなかった状況下で、避難所で知り合ったばかりの女性が、宮城県内で被害の少なかった自分の実家へ内を招いてくれたことで、仙台での生活を立て直すことができたという。また、チアの活動が始まってからのシーズン中には、チアのメンバーたちとともに避難所を定期的に訪問、被災者たちとの交流を続けるなど、日々の地道な活動を通して、地域との絆《きずな》が少しずつ深まっていくのを内は感じた。

プロスポーツのクラブにおける、そうした「地域密着」のコンセプトと結び付ければ、内が「緑黄色社会」の曲をテーマ曲に選んだのは、まさしくベストマッチだろう。球団側が内の提案に「地元出身のバンドですよね」と喜んだというのも、それこそ当然のことだ。緑黄色社会の4人は、ばりばりの地元・愛知県出身だった。

ところが、内はその事実を当初は知らなかったという。

「よく聞かれるんです、地元出身だから？　って。でも、全くの偶然です。個人的に、緑黄色社会がずっと好きだったんで、これはむしろ〝導き〟だと思っています」

笑いながら、その内幕を明かしてくれた内は、コロナ禍が明け、グラウンドでのオープニングダンスを2曲、準備することになった2022年も、その1曲に緑黄色社会の「Ｌａｎｄｓｃａｐｅ」を選んだ。

チアドラキッズたちがドームで発表会を行う際、チアドラと一緒に踊れるようにという狙いに加え、「ポンポンを使った、元気でかわいらしい曲」という観点からの選曲だ。

「テンポも雰囲気も、チアドラによく合っていると思ったんです」

その年には、ドラゴンズのオフィシャルラジオ局でもある東海ラジオが、試合中継のテーマソングとして、これまた緑黄色社会の「Ｓ．Ｔ．Ｕ．Ｄ」を使っていた。

「もう繋がりがすごくて、その曲でも振付をしました」

バンテリンドームで踊る「チアドラゴンズ」と「チアドラキッズ」

試合開催時に、ドームの外で開催される「チアドラステージ」は、チアドラのパフォーマンスが繰り広げられる大人気イベントだが、そのステージのエンディングも、緑黄色社会の「陽はまた昇るから」だった。

「どんだけ、って感じですよね。でも、私は緑黄色社会さんが好きなので、まだこれからも使いますよ、多分」

名古屋が、そしてドラゴンズが結ぶ、最強の〝コラボ・コンテンツ〟なのかもしれない。

緑黄色社会とチアドラは「地産地消」のコンテンツ

チアドラゴンズは、ナゴヤドーム（当時）が開場した1997年に発足した。

当時から「男の子はドラゴンズの選手、女の子はチアドラゴンズ」という〝子供たちへの夢〟を与えるという一大テーマを掲げていた。

その「チア」をビジネス化したのは、実は中日が先駆者でもある。

親会社が新聞社ということもあり、東海圏内に「文化センター」というインフラが整備されている。そこを活用した文化活動の一環として、２００５年から子供向けにダンスレッスンを行う〝チア育成教室〟を開講したのだ。

講師はチアドラＯＧ。会費を取り、発表会は試合前のドームで行う。

そうすると、発表会目当ての両親、祖父母、親戚、知人、友人といった関係者がこぞってドームにやってくる。こういう方々はチケットをダンピングしなくても、発表日という特定の日を狙うため、それこそ定価でも購入してくれる。

そうすると、チケットの売上が上がる。

一時期、球団の入場料収入のうち、団体旅行のパックなどとともに、チアドラキッズの発表会関連でのチケット売上が「年間３位」に躍り出たこともある「ドル箱」に成長した。

「チア教室」を運営することが、地域振興の一環にも繋がるだろう。ＯＧたちのセカンドキャリアにもうってつけであり、しかも観客動員のアップにも大きく寄与する。

そうした一連のビジネスモデルを、中日は各球団に惜しみなく伝えている。いまや12球団中、広島を除く11球団がチアを持ち、各球団がキッズ向けの教室も行っている。

その〝未来のチアドラたち〟が、ドームでの発表会で地元出身のバンド・緑黄色社会のリズミカルな曲に乗って、大観衆の前で踊る。

中日ドラゴンズ、緑黄色社会、チアドラゴンズ、チアドラキッズ。

名古屋が生んだコンテンツという視点から見れば、これらはすべて〝同じ根〟に繋がっているといえるのだ。

ともに「名古屋」という共通項が結んだ、まさしく『地産地消』のコンテンツであり、ドラゴンズは、その〝磁場〟としての役割を果たしている。

そうした球団と「名古屋」との関連性を深掘りしながら、本著の題として掲げた「優勝できなくても愛される理由」を探っていくのが、この本を貫く一大テーマとなる。

これから読み進めていくためのご参考までに、章ごとの簡単な内容説明を記しておきたい。

第1章「**支え合う構図**」では、球団を取り巻く環境と、地元マスコミとの深い関わりを描いている。２０２３年は2年連続最下位でありながら、地元・名古屋では中日戦のテレビ中継での視聴率が上がっている。この不成績にもかかわらず、高い人気と支持を得ている立浪中日を支える、地元の〝強固な仕組み〟とその背景を紐解いていきたい。

第2章「半歩だけ前へ」は、元中日捕手・片貝義明が、現役引退後に球団スタッフとして取り組んできた数々の挑戦の中で見えてきた〝名古屋の法則〟ともいうべきものだ。

スコアラーがつける配球表。これを星野仙一の要望を受け、コンピュータ入力の形に改善し、営業部で球団ホームページを立ち上げたのは、片貝のアイディアと行動力だった。

そうした先駆的な取り組みは、球団が半ばほったらかしにしているところから生まれてくる。それが形になり、他球団が追随してくると球団が〝介入〟し、先行していたところからなぜか、他球団と足並みを揃える方向に持っていくという、不思議な流れになる。

第3章「星野王国」では、岡山出身の星野仙一が、いかにして〝名古屋のシンボル〟になったのか。その行動力、言葉の力などに関するエピソードは、それこそ枚挙にいとまがない。

現役時代に捕手だった金山仙吉は、遠征先の宿舎では星野と同部屋だった。

阿吽の呼吸で行動し、監督時代には監督付広報として最も近いところで見てきた男の証言を中心に、星野のチーム作りや人付き合いの極意について描いていく。

第4章「名古屋の流儀」では、鹿児島出身の福留孝介と大阪出身の田尾安志の2人、続く**第5章「フランチャイズ・プレーヤー」**では、地元・愛知出身の山﨑武司と岐阜出身の高木守道の2人を中心に取り上げていく。

東海圏以外の出身者と、地元の出身者との、中日への〝馴染み方の違い〟を探っていくことで、球団の特色とともに、名古屋という風土の特色を浮き彫りにしていく。

第6章「連覇でも退任した理由」は、落合博満が2011年、球団史上初の連覇に導きながら、契約満了を理由に監督退任に追い込まれたその背景を探っていく。

星野と同じ〝名古屋以外の出身者〟であり、星野時代よりも優れた成績を収めながら、星野のように名古屋に受け入れてもらえなかった要因を、複数の関係者の証言で紐解いていく。

第7章「『5年先』か『今』か」は、星野、高木、落合の3監督のもとでスカウトの要職を務めた元スカウト部長・中田宗男の視点でチーム作りの歴史を振り返りながら、1987年に星野仙一が監督に就任し、2023年に立浪和義が監督2年目を終えるまでの37シーズンのうち、星野、高木、落合の3人で四半世紀、計25年の長きにわたって「監督」を務めてきた中で見えてきた、それぞれの個性や指揮官としての主張を浮き彫りにしていく。

終章「立浪和義、不退転の決意」は、およそ30分にわたる、監督・立浪和義への独占インタビューが実現した。2年連続最下位、2023年までの10年間でBクラス9度というその長き低迷を打破すべく、監督3年目となる2024年へ向けた立浪の「不退転の決意」を聞かせてもらうことができた。

中田翔を獲得した理由、就任以来の2年間で野手を大幅に入れ替えた理由、さらには2023年夏頃、SNS上で大きな話題を呼んだ中日の〝米騒動〟への見解など、話は多岐にわたった。

強いドラゴンズの〝復権〟にかける指揮官が見せた本気の覚悟に、ぜひ触れて頂きたい。

なお、本文中はすべて敬称略。また（　）内には、2024年2月現在の肩書を記しております。

第1章　支え合う構図

半世紀を過ぎた人生の中で、名古屋に住んでいたのは2年間だった。

サンケイスポーツの「ドラ番」として、２００６年5月から名古屋へ赴任。親戚縁者も全くいない、それこそ縁もゆかりも全くない街だった。

引っ越しを終え、栄にあった当時の球団事務所へ向かい、担当就任の挨拶。それを終えると、名鉄タクシーでナゴヤドーム（現バンテリンドームナゴヤ）へと急いだ。

その車中で、私の携帯電話が鳴った。

「名古屋に転勤になったんよ。それでさっき、球団事務所に行ったんよ。ホンマ、大変やで。名古屋、いっこも分からんわ。今、タクシーやねんけど、走っているとこ、どこや？」

生まれも育ちも神戸。それまでの球団担当も近鉄（現オリックス）、阪神、ダイエー（現ソフトバンク）、オリックス（近鉄との合併前）と「西」の球団ばかりで、名古屋はそれこそ遠征でのビジターゲームで年に数日来る程度。下戸の私は錦や栄の夜の街にもご縁があまりなく、馴染みのお店なども全くなかった。

電話が終わるのを待っていたかのように、運転手さんに話し掛けられた。

「お客さん、関西から？」

「はい、そうですけど？」

相槌を打つと、途端に運転手さんの声のトーンが変わった。

「それは、しばらく大変ですよ」

そう言ったきり、運転手さんはその後、全く口を開かなかった。

なんや？　えらい失礼な人だな？

しかし、名古屋で暮らし始めてみると、あの時の運転手さんが私に〝忠告〟したくなった気持ちも、何となく分かってきた。

関西弁でまくし立てているようでは、名古屋の人たちに受け入れてもらえないですよ。

そんな暗黙のメッセージだったのだろう。


「大阪から飛ばされてきました」はＮＧワード

挨拶代わりの自己紹介で、決まりごとのごとく、こう切り出していた。

「いやー、大阪から、飛ばされてきたんですわ」

この「飛ばされた」がＮＧワードであることに気づかされたのは、番記者としての仕事がスタートしてから数カ月ほど経った頃だった。

悪気はないどころか、自分をちょっぴり貶《おとし》め、へりくだった気持ちも込めて、このワードを使っているつもりだった。地元の記者たちと普段の会話も少しばかり弾むようになってきた頃、やんわりと〝教育的指導〟が入った。

「そうじゃなくて、関西より、名古屋の方が『上』なんですよ」

言われる意味が、実によく分かった。

「飛ばされてきた」のニュアンスには〝上から下へ〟が含まれていることになる。

すると「関西よりも名古屋が下」となる。

しかし、名古屋の人たちにとっては、全くもって逆。そもそも地元の人たちは「名古屋に来て、よかったでしょ」と思っているわけだ。

そうした地元の機微のようなものが分かり出すと、言葉使いも対処法も変わってくる。

小倉トースト、あんかけスパ、手羽先、ひつまぶし、味噌煮込みうどん、味噌おでん。

いわゆる「名古屋めし」も気に入り、名古屋の生活が軌道に乗り始めると、どういうわけかコミュニティー内での〝阿吽《あうん》の呼吸〟までもが感じられてくる。

赴任当時の中日は、監督の落合博満の方針で怪我人の状態など、チームの情報は一切公表されない。試合のない日の練習場所や時間すら発表してくれない。

赴任直後、広報に電話を入れても、練習場所どころか練習の有無すらも教えてはくれなかった。落合中日での情報管理は、それほどまでに徹底していた。

だから、試合のない日に、一体どこへ行ったらいいのかすら担当就任直後には分からなかった。名古屋の番記者たちに「ちょっと教えて」と気軽に尋ねられるような雰囲気がなかったのも、これまた落合中日時代の特色だった。

敷居が高いというか、まさしく、見えない壁があった。

ところが、ちょっと担当っぽくなってくると、どこかしら、いつの間にかそうした〝表に出ない情報〟が聞こえてくるようになってくるのだ。

毎日のように顔を合わせていると、地元記者やテレビ局の関係者とも、気軽に話ができるようになってくる。時間はかかったのだが、何となく、そのコミュニティーの中に包み込まれた感も出てくるから、不思議なものだ。

ひとハードル越えると居心地がよくなる

なんだろう、あの感じ？

「一回中に入ると、ですね。ひとハードルはあるけど、入っちゃえば、ですね。中で30年過

森脇淳氏（東海テレビ）

ごしてきた身としては、ひとハードルは結構大変だったんですけど、居心地がやっぱりよくなるのは、これが名古屋の一つなんですね。そこが名古屋の魅力なのかな。今は私も名古屋の権化みたいな顔で勝手にやってますけど、私も結局、外から見ると同じように見られていると思うんですね。ハードルの一人なんだと思います」

そう語るのは、２０２３年6月から東海テレビでスポーツ局長を務める森脇淳《あつし》だった。

森脇は１９９０年、アナウンサーとして東海テレビに入社した。

落ち着いた名調子でドラゴンズ戦の中継で名をはせ、毎年3月に名古屋の街を疾走する「名古屋国際女子マラソン」（現名古屋ウィメンズマラソン）でも、20年の長きにわたってレース実況のマイクを握ってきた。

名古屋を代表する、そして「中日ドラゴンズ」を伝える名アナウンサーの一人だ。

その森脇の出身は岡山・倉敷。星野仙一と同郷になる。

早大時代は東京暮らし。東京・文化放送でのアルバイトでプロ野球実況に魅せられ「なんか、この放送は面白いと思ったんです」とアナウンサー試験を片っ端から受けていく。

およそ５００倍とも言われた超難関を突破し、東海テレビに入社する。入社当時、まだサッカーのＪリーグは発足しておらず、スポーツ実況といえば、ほぼプロ野球一択だ。福岡にはソフトバンクも、仙台には楽天も、北海道には日本ハムもまだない。

「〝なんちゃら〟対巨人戦、というのがやりたかったんです。中日がどうのこうのというのではなかったんです。（プロ野球球団は）東京、名古屋、大阪、広島の４地区にしかない。大阪は恐らく、僕がきっと水に馴染めない。勝手な思いなんですが、大阪だったら潰れちゃう。当時はそう思っていて、そんな流れの中で名古屋に内定が出て、じゃあ『鶏口となるも牛後となるなかれ』みたいな思いもあったんです」

土地勘もなければ、馴染みもない「名古屋」に、己の夢をかけてやってきたのだ。

「最初の3年は名古屋が嫌だった」

１９９０年代の平成初期は、会社でも先輩や上司の厳しい叱責などが付き物だった。今なら「パワーハラスメント」と認定されかねないような手厳しい指導も、アナウンサーという〝喋りの職人〟の世界では、どこか当たり前のようなところもあった。

東海テレビの先輩には、名物スポーツアナの吉村功がいた。

フジテレビ系列の看板番組であり、その日のプロ野球全試合をダイジェスト版にして放送する「プロ野球ニュース」で名古屋発、ドラゴンズの情報となれば吉村だった。

吉村の後を継ぐ一番手にも宗宮《そうみや》修一がいた。歴代の先輩たちは、名古屋一筋でのスポーツアナ人生を送ってきたとあって、監督や選手への食い込み方が違う。

新聞記者でもアナウンサーでも、こうしたベテランたちの放つ存在感と、長年の取材に裏づけされた情報量に圧倒され、誰もが最初は絶望感すら抱いてしまう。

あんな人たちに、果たして自分が勝てるのだろうか。

「最初の3年は、もう嫌だったですけどね。ナゴヤ球場に行っても居場所はない。先輩にも気を使わなきゃやってられない。その辺は昔のアナウンサーの世界でもありますから厳しい環境だし、一番トップは吉村さん、その下が宗宮さん。その環境下でちょっと居場所がない。住むことになった会社の寮は古い団地のようで、2つ上の先輩との二人部屋。珍しいでしょ?　いろいろ、そんなものが混然一体となって、3年間は嫌だったですね」

そんなネガティブだった名古屋への思いも、暮らしに慣れ、さらにアナウンスの実力が伴ってくるとともに、次第に変わっていく。

ナゴヤドーム初となる試合中止で〝巨人戦全国デビュー〟がフイに

入社7年目となる1996年、森脇は待望の全国デビューを果たす。

中日はシーズン残り3試合。うち首位巨人との2戦が含まれており、3試合とも勝てば巨人との同率プレーオフに突入するという、ファンの注目を集める展開になっていた。

先に結果を言えば、10月6日の直接対決を長嶋巨人が制し、星野中日は優勝を逃すのだが、前日の10月5日、中日はナゴヤ球場で広島と戦っていた。

当時、プロ野球中継はゴールデンタイムでも視聴率を稼げるキラーコンテンツだった。

森脇が実況していた中日―広島戦は東海テレビ、つまりは名古屋ローカルでの中継だったのだが、中日が負ければ巨人の優勝が決まる。しかも中日が接戦を繰り広げていたということもあり、キー局のフジテレビは午後9時からその名古屋ローカルの試合をいきなり全国中継することに決めたのだ。

業界用語では「こじ開け」というのだが、午後9時から予定されている番組をずらし、名古屋ローカルで流していた中日戦を全国に流すというわけだ。

「ある意味、僕の中で野望が一つ叶ったんです」

その試合は5―4で中日が勝ち「10・6」へと繋がることになった。ちなみに、長嶋の胴上げとなったその10月6日は、ナゴヤ球場での１軍公式戦ラストゲーム。翌１９９７年から、本拠地はナゴヤドーム（現バンテリンドーム ナゴヤ）に移っている。

そのナゴヤドーム元年となる１９９７年、森脇は夢の「巨人戦」全国中継の〝実況権〟をつかむことになる。

まだバブル経済の名残が存分に残っている時代で、フジテレビが東京・お台場の新社屋に移った年だった。そこで２０２３年にも放送された「27時間テレビ」というフジテレビ系列の各局の総力を結集する番組の中で、フジテレビ以外のＦＮＳ系列27局が地元の港から食材を積んだ船を出し、お台場につけようというド派手な企画が持ち上がっていた。

その「27時間テレビ」へと視聴者を繋げる前に、中日対巨人戦という東海テレビが放映権を持っていた「黄金カード」で盛り上げ、ナイターが終わったタイミングでそのまま「27時間テレビ」に入っていくという番組編成上の戦略で、その実況を森脇が託されたのだ。

ところが、ここで想像もしないハプニングが起こる。

１９９７年７月26日、台風９号の接近のため、交通機関の乱れが予想され観客の行き帰りの安全が確保できないとの判断で、なんと「試合中止」が決定したのだ。

ナゴヤドーム初年度。もちろん、ドーム初の中止という大珍事でもある。

「午後2時に突然はしごを外されたわけですよ、当日の。結構ショックでしたね。29歳の時にチャンスが回ってきた。その時だけは、あの怖い吉村さんが慰めてくれました。『そういう時もあるよ』って。ただ、まだ神様が早いって言ってるのかなと思って……。その辺はホントに若かったし、やりたい、やりたいばっかりだったから、ゴリゴリ取材もしたし、データもゴリゴリ調べたし、やってましたね、あの頃が一番、パワフルだったですね」

ドラゴンズとともに、森脇はアナウンス人生を歩んできた。

だから、節目の思い出も、すべてがドラゴンズに紐づけられていると言ってもいい。

岡山出身のアナウンサーが「名古屋の顔」に

１９６７年生まれだから、実は私と同じ年だ。それでも名古屋に私が赴任した頃、森脇はもはや「名古屋の顔」だったし、それこそ誰もが知る存在でもあった。

プロ野球のテレビ中継も、地上波で試合が長引けば、後の番組をずらしても中継を優先するような時代でもあり、それだけに当時の「スポーツアナ」の知名度は高かった。

「どうかすると、夜10時までフジテレビ系列でも延長するような状況の野球中継が恒常的にあったというのは、時代的に恵まれていましたね。あの時代に（全国）ネットに出まくっていましたから。3連戦があったら、1回くらいは『プロ野球ニュース』も顔出しで担当させてもらったし、1本だったナイターの実況が2本になり、3本になっていきましたから」

そうやって「森脇＝ドラゴンズ」とイメージされ、名古屋に染まっていく。

「そうなんですよね。いつの間にか、『ドラゴンズ戦中継の顔』的な扱いもまれにされたりして、非常に不本意ですけど致し方ない。これが年齢ということなんだろうな。そういう風に言われるのは、ちょっと違うなと思いながらも」

岡山出身の森脇がこう感じるくらいなのだから、地元出身ともなると、それこそスタートの時点から違ってくる。

岐阜で生まれ育ったドラゴンズファンのスポーツアナ

東海ラジオの名物アナウンサー・大澤広樹は岐阜生まれの岐阜育ち。「愛三岐」の東海3県内で生まれ育ち、筋金入りのドラゴンズファンでもある。

小学6年生の時に「アナウンサーになって、ドラゴンズ戦を喋ると決めていた」。

もうそれこそ、生活のあちらこちらにドラゴンズがある。

「毎日、テレビで野球中継を見て、午後8時54分で終わったら今度は東海ラジオをつけると

大澤広樹氏（東海ラジオ）

いうのが、自分の子供の頃の生活だったんです。名古屋って、今でもそうなんですけど、どのテレビ局もドラゴンズの番組をやってるじゃないですか。子供の頃はそれを全部見る。シーズンオフになったら、東海ラジオもＣＢＣラジオもドラゴンズの番組をやってますから、そのラジオを聞きながら勉強する、という感じでした」

１９８２年、監督・近藤貞雄のもと、中日はリーグ優勝を果たす。

その時、中日新聞を購読している家庭には、中日スポーツの優勝紙面、つまり１面の紙面を「下敷き」にしたものが配られたのだという。

エース・小松辰雄がガッツポーズ。捕手の中尾孝義と抱き合っている。

「その下敷きを学校で使う、というのがステータスだったんです。僕も何となく、優勝してチームが強かったというところから、あ、野球って面白いなと。下敷きだって、多分みんな持ってましたし、それを持っていること、中日を応援している自分というのが誇らしいという感じが、あの頃にはありましたね」

両親も中日ファン。岐阜に住んでいるから、中日新聞を家で読む。それが当たり前のように、中日に囲まれながら育っていく。

岐阜・加納高では「補欠で終わったんですけど」と言うが、3年間野球部に所属し、投手を務めた。慶大に進学してからもアナウンサーの夢は持ち続け、それこそ初志貫徹だ。

「東京がダメなら大阪に行って、大阪がダメなら名古屋。たまたま、名古屋で止まったんですけど」

子供の頃から夢見た、ドラゴンズを伝えるという仕事についたのだ。

「入った頃は、あ、立浪（和義）さんだ、あ、今中（慎二）さんだ、山﨑（武司）さんがいる、山本昌さんだ、みたいな、超ミーハーな感覚がすごくありました。もう26年目なんですけど、26年経っても、隣に山﨑武司さんが座っているとか、山本昌さんと一緒に仕事をしてるのか、という感覚です。慣れてはきたんですけど、やっぱりすごいことをやらせてもらっているんだという気持ちは、今でも変わらないですね。だから、ドラゴンズが好きなんですよ」

そのピュアな思いを、今も持ち続けられている。

意地悪な質問だとは思ったが、あえてぶつけてみた。岐阜で生まれ育ち、名古屋でアナウンサー。すると、中日しか知らない。

そのことに不安はないのか？

「ないですね」と質問と食い気味に、大澤の返答が飛んできた。

「景気の良かった時、我々も他の球場に行ってレポーターをやったり実況をやったりして、他の球団のこういうところはいいな、と思うところはたくさんありましたけど」

ドラゴンズ一筋。そのアナウンサー人生に、何の迷いもないという。

中日ドラゴンズがある名古屋に染まっていく

森脇や大澤の〝ドラゴンズを伝える〟という役割に、私にはある種の羨ましさがある。

より深く、より詳しく、一つの対象を掘り下げていく。

これから中日に関して綴っていこうという自分は、名古屋で2年間しか暮らしたことがない。だから「番記者」と呼べるのも、そのわずか2シーズンに過ぎない。

ただ、彼らと違うのは、阪神やオリックス、ソフトバンクといった、他球団での番記者生活も長かったことで、あちらこちら、広く浅く、人脈やコネが繋がっているところだ。

大澤のように、生まれ育った地で中日を伝え続ける。

森脇のように、全く縁のなかった場所で中日を伝え続ける。

「中日ドラゴンズ」に染まる、いや、染められていく。

名古屋という風土の空気が、そうさせていくのだ。

人々の生活の中に、しっかりとドラゴンズが根差している。理屈や理論を超え、名古屋にはドラゴンズがいるのが当たり前なのだ。

その環境の下で、中日のそれこそ一挙手一投足を余すことなく名古屋に広めていくという重要な任務を担った男たちにとって、ドラゴンズという巨大なコンテンツは、自らの人生すら左右しかねない、それこそ運命共同体でもある。

名古屋のマスコミは、ドラゴンズを中心に動いている――。

その「支え合う構図」の一端が「球団映像」の仕組みに象徴されている。

「関西ダービー」の全国視聴率は7戦中4戦が〝ひと桁台〟

プロ野球中継をテレビの「地上波」で見る機会はめっきり少なくなった。

ただそこには「全国放送では」という注釈が必要になる。

阪神が38年ぶりの日本一に輝いた2023年の日本シリーズ。オリックスとの「関西ダービー」は、最終の第7戦までもつれ込む大激戦だった。

まずは、関東地区での視聴率を列挙してみる。

10月28日（土）　第1戦　7・3％（フジテレビ系）
10月29日（日）　第2戦　6・3％（テレビ東京系）
10月31日（火）　第3戦　7・0％（TBS系）
11月1日（水）　第4戦　11・7％（日本テレビ系）
11月2日（木）　第5戦　9・4％（テレビ朝日系）
11月4日（土）　第6戦　16・3％（TBS系）
11月5日（日）　第7戦　18・1％（フジテレビ系）
（※いずれもビデオリサーチ調べの世帯平均視聴率）

日本シリーズはナイター開催のため、全4戦とも午後7時から同9時の「ゴールデンタイム」と呼ばれる時間帯に試合中継を行ったことになる。

この時間は、仕事や学校からの帰宅後で在宅率が高いことから、各局も人気番組を編成することが多い。15％を超えると「ヒット作」、10％を切ってひと桁だと「視聴率が低迷」と呼ばれることになる。
今回の日本シリーズで「視聴率が取れた」と判断できるのは、第6戦、第7戦の2試合だけ。10%を切った4戦分は、テレビ局やスポンサーサイドにすれば、期待外れに終わったと言わざるを得ないのだ。

関西の世帯視聴率は驚異の「瞬間最大50%」

ところが、阪神とオリックスの地元関西になると、その視聴率が驚異的に跳ね上がる。

第1戦　21・8%（カンテレ）
第2戦　15・0%（テレビ大阪）
第3戦　20・3%（毎日放送）
第4戦　27・7%（読売テレビ）
第5戦　23・4%（朝日放送）
第6戦　30・1%（毎日放送）
第7戦　38・1%（カンテレ）

（※いずれもビデオリサーチ調べの世帯平均視聴率）

しかも、阪神が日本一を決める直前、午後９時42～43分に、世帯視聴率が瞬間最大で50・0％にまで跳ね上がっている。

こうした現象は、名古屋でも見られる。

２０２３年３月31日のプロ野球開幕。中日は東京ドームで巨人と対戦した。午後７時からの１４４分間の世帯平均視聴率は、関東地区では８・４％。ところが名古屋地区では、そのおよそ倍の16・３％に上った。

かつてプロ野球中継といえば、全国ネットでの「花形番組」だった。その時代と比較すれば、確かに地上波での全国中継の視聴率は低迷している。ただそれだけで、野球人気が下がっているという一義的な見方に結びつけるのはむしろ誤っている。

個人の嗜好やスポーツの多様化の中で、全国一律、国民の誰もが一斉に共感できるといった「マスコンテンツ」など、今の時代にはそうそうあり得ないのだ。

野球の観戦方法にも、時代に伴っての変化が明らかに見えている。

一定の金額を支払って、そのサービスを利用できる「サブスクリプション」が定着。プロ野球中継では、そうした動画系の配信サービスの充実が目立つ時代になってきた。

個人の生活リズムや嗜好に応じて、チャンネルも細分化されているのだ。

スマートフォン、タブレット、パソコン。

それこそ時間も場所を問わず、ファンはひいきのチームの戦いぶりをリアルタイムで、あるいは録画で、存分に楽しめる時代になってきた。

試合開始から試合終了まで、さらにはお立ち台でのインタビューやベンチ裏での監督会見までもが、ノーカットで放送されるようになった。

地上波という「マス」を相手にした形ではなく、より地域に則し、個人向けに特化していく。その「エッジ」が立ったコンテンツほど価値が高まってくるのだ。

だから、名古屋における「中日ドラゴンズ」は、時代を超えて、地元のテレビ局をはじめとしたマスコミには、依然として「キラーコンテンツ」として君臨しているのだ。

中日の主催試合中継は東海とCBCの〝2社独占〟

かつて中日の主催試合、つまりホームゲームの映像に関しては、東海テレビとＣＢＣテレビでの完全な独占状態にあった。

本拠地の中継映像は常にこの2社で担当し、2社間でシェアしてきたのだ。

ただ、昭和や平成の前半期のように地上波での野球中継が確実に2桁視聴率を稼げるような時代ではなくなり、放送権料に見合うだけのうまみは、かつてほどはない。

それでも中日の主催試合71～72試合のうち、東海テレビとＣＢＣテレビの2社で60試合程度は、その枠を占めてしまう。

それも互いができるだけ同数になるよう、水面下で調整されるという。

残りの10試合程度はテレビ愛知、三重テレビ、さらにはＮＨＫに中継権を〝回す〟ことになる。ＮＨＫは中継の際、自社のカメラをドームに入れるが、その際にも東海、ＣＢＣのいずれか1社が必ず中継映像を撮っており、それは「球団映像」となる。

この「球団映像」とは、文字通り「球団」が制作した「試合映像」のことを指している。

パ・リーグの場合、各球団が映像を扱う会社などに業務委託を行い、こうした中継映像をいわば「パッケージ」として、球団からテレビ局に販売する仕組みが取られる。

この部分を、中日は地元テレビ2局に〝丸投げ〟している形なのだ。

有料スポーツチャンネルのＪ ＳＰＯＲＴＳは、どちらかの社が担当している「球団映像」を使用。さらにインターネット配信の「ＤＡＺＮ」も「球団映像」だから、東海テレビかＣ

BCテレビが担当している。

こうして2社に独占させ、他の民放局を排除することに伴って、その「放映権料」の流れは、一体どうなっているのか。

ＪＳＰＯＲＴＳ、さらにＤＡＺＮによるインターネット配信で、この2社からも球団は放送権料を取っているという。ここで分かりやすく、プロ野球中継がすべて地上波だった時代の放送権料を「1試合1億円」と仮定してみると、これが今、ＪＳＰＯＲＴＳの参入によって、地上波が8千万円、ＪＳＰＯＲＴＳが2千万円程度に振り分けられているようだと、あるテレビ局関係者が匿名を条件に教えてくれた。

放映権の金額に関しては、他局がいくら払っているかは正確に分からないのだという。まさしくトップシークレット。球団と各社との交渉事だけに、各局なりの事情がある。

これも仮定の話になるが、球団側が地上波のテレビ局に対し、8千万円だった放映権料を7千万にすると減額提示し、ＪＳＰＯＲＴＳとは2千万円のままで契約、新たに参入してきたインターネット側から2千万円を取るとしよう。

そうすれば、トータルでは球団サイドの放送権料の収入が増えることになる。

支え合い、もたれ合う仕組みの中で、球団の匙《さじ》加減一つで、それこそ〝三方一両得〟の状況を、巧みに作り上げることができるのだ。

ちなみに、ＤＡＺＮのようなインターネット配信だと、場所を問わず全国どこでも見られるのが売りだが、２０２３年は12球団中、広島のホームゲームだけはＤＡＺＮの配信が唯一、行われなかった。

それはイコール、その「放映権料収入」を放棄していることになる。

それでも広島は「地元に支えてもらっているから」と地元局との関係を優先し、広島の地元ＴＶ各局は〝持ち回り〟の形で、ホームゲームの８割強の試合中継をカバーしている。

だから数千万の収入を捨ててでも、広島の放送局を大事にする。

それが『地域の事情』なのだ。

試合映像を半永久的に〝独占〟するメリット

「会社四季報」の２０２３年版によると、テレビ愛知は中日ドラゴンズの親会社・中日新聞社が10％の株式を持ち、その割合は３位。三重テレビはナゴヤドームが32・７％で筆頭株主、中日新聞社が９・９％で４位。10％の３位が東海テレビで、三重テレビが中継する際の映像は東海テレビが担当し、アナウンサーも東海テレビから出ている。

メ～テレ（テレビ朝日系）と中京テレビ（日本テレビ系）には一切、その枠を譲ることはない。

メ～テレが初めてナゴヤドームで中継したのは中日の主催ゲームではなく、オールスターゲームの開催時だったというから、その〝徹底排除〟はすさまじい。

では、一体なぜ渡さないのか。

ホームゲームでの試合の中で、投手のノーヒットノーランや、打者のサイクルヒットといった、数年に１回しか起こらないような出来事に遭遇すれば、その映像は何度も使用されることになり、他社がニュースで使ったりする際にも使用料が発生する。

それこそ〝半永久的に稼げるコンテンツ〟へと変わるのだ。

顕著な例は、歴史を遡《さかのぼ》ってみれば明らかだ。ペナントレースでテレビ視聴率の過去最高記録は、１９９４年10月８日の中日－巨人戦（ナゴヤ球場）だ。

勝った方が優勝という世紀の一戦は、巨人軍監督・長嶋茂雄（当時）が「国民的行事」と表現したことで、さらなる話題と注目を集めた。ちなみに中日の監督は高木守道だった。

その視聴率は次の通り。

関東地区＝48・８％　関西地区＝40・３％　名古屋地区＝54・０％

驚異的な数字が並んでいるのが分かるだろう。

「10・８」のナゴヤ決戦は、東海テレビが試合の映像を保持している。

それこそ四半世紀を過ぎても、プロ野球の歴史、あるいはドラゴンズの歩みを特集する番組でも作ろうとすれば、もちろんその映像が必要になる。

さらに、日本シリーズへ進出するようなケースには、これまでの〝貢献度〟をもとに、球団がその本拠地での試合中継を行う局をＮＰＢ（日本野球機構）に推薦し、決定する仕組みになっている。

先に記した２０２３年の日本シリーズ、阪神とオリックスの「関西ダービー」における関西での視聴率で、７試合中６試合が20％以上で、そのうち２試合は30％以上をたたき出していることを考えれば、中日が日本シリーズに進出したときの「名古屋での視聴率」は同等、いや、さらに上を行く可能性すらある。

強くても、弱くても、シーズンオフでも、中日の「映像」を独占する。

仮に中日がリーグ優勝を果たせば、シーズン中に蓄積された試合映像の数々は各社のスポーツ番組やバラエティー番組などでも活用されるため、その使用料も発生する。優勝特集のＤＶＤに編集して市販もでき、それまでの投資がいわばペイできる可能性すら出てくる。

その〝夢実現〟のために、既得権を守り続け、投資を続けていく。それこそ、宝くじのようなものだろうが、当たれば、確かにデカいのだ。

ナゴヤ球場時代にも、そしてバンテリンドーム ナゴヤでも、放送用のブースは東海、ＣＢＣ、ＮＨＫの3局しか常設されていないのだ。

東海とＣＢＣの週末午後は〝ドラゴンズ一色〟の編成

そうした独占状態を維持していくために、東海テレビでもＣＢＣテレビでも、その前年から、番組編成の〝下交渉〟を始めている。

東海テレビならフジテレビ、ＣＢＣテレビならＴＢＳがキー局になる。

そのキー局が制作する午後7時から9時の「ゴールデンタイム」の番組を差し替え、ローカルのナイター中継が可能になる曜日は、東海テレビでもＣＢＣテレビでも基本的には限られている。

ここで2社が話し合ってナイター中継を入れていくのだが、キー局の番組でどうしても動かせないケースがある。例えば、フジテレビなら「ワールドカップバレー」を中継する、ＴＢＳなら歌番組の「音楽の日」を行うなど、別日に差し替えができない番組に関しては、いくら地方局の希望とは言っても、スポンサーの関係などで不可能になる。

そうしたキー局の意向や日程をあらかじめ調査した上で、確保したい試合、譲ってもいい試合、相手が取れないから狙える試合という〝編成戦略〟を立てていく。

さらにデーゲームの土曜日は東海テレビ、同じく日曜日はCBCテレビと基本的に棲み分けているのは、東海テレビは日曜日の午後、看板番組の競馬中継があるからだという。

その棲み分けが固定されている証拠に、土曜日は東海テレビがデーゲーム中継をしたその流れで、夕方に「ドラHOT＋」、日曜日のCBCテレビは、２０２３年で放送開始から40年という長寿番組「サンデードラゴンズ」を昼に放送、そのままデーゲームに入る。

ドラゴンズ応援番組とデーゲームがいわばセットになっている。つまりは2局とも、週末の午後には〝ドラゴンズ一色〟になるのだ。

この枠組みが、ナゴヤ球場時代から脈々と崩れないのだ。

そんな「既得権」を守り続けるのは古臭い。おかしいじゃないか。

私も、そうした問題意識を持って取材を始めたのは事実だった。

しかし、この仕組みを調べれば調べるほど、実によくできたシステムだった。互いがいわばもたれ合い、支え合うことで、誰も損しないような仕組みといえばいいだろうか。

簡単に言えば、その〝既得権益社〟の中で、お金が回っているのだ。

「立浪ドラゴンズ」は２年連続最下位でも視聴率アップ

そのドラゴンズ戦中継の〝運命〟を左右する視聴率で、驚くべき現象がある。

２年連続最下位なのに、立浪ドラゴンズの中継視聴率は、２０２３年シーズンは前年よりも上がっているのだ。

２０２３年、東海テレビのナイター中継13試合における世帯平均視聴率は年間７・５％で、前年から０・６％アップ。ＣＢＣテレビのナイター中継13試合でも同７・９％で前年比０・１％増。だから、全国放送のバラエティー番組を流すよりも、中日のナイター中継の方が名古屋では稼げるコンテンツになる可能性を今なお、十分に秘めているのだ。

ちなみに、落合政権下ではあれだけチームが強くても、ナイター中継の世帯平均視聴率が５％程度だったという。

さらに特筆すべきは土曜日、日曜日のデーゲーム中継だ。

東海テレビのデーゲーム中継12試合での世帯平均視聴率における年間７・８％は、前年比０・８％増。ＣＢＣテレビのデーゲーム中継10試合では同８・１％と前年から０・５％アップ。日曜の昼間にこれだけの視聴率をドラマやバラエティー番組で出すことは不可能に近いそうだ。

立浪ドラゴンズは、安定して〝稼げるコンテンツ〟なのだ。

球団内部では２０２４年に向け、球団史上初の２年連続最下位、ここ10年で９年のＢクラスという長き低迷に、監督交代の話も浮上したそうだ。

ただ、球団側のそうした検討案に対し、本社サイドからこう問い質された。

「立浪を代えて、今のように稼げるようになるのか。それ以上の案があるのか」

球団サイドはそれこそ二の句も継げず、立浪の続投が決まったのだという。

もたれ合い、支え合いながら稼ぐという仕組みの中で、もちろん中日が強ければ問題はない。しかし「弱くても稼げる」という明確な証拠を突きつけられれば、監督を交代させるというような〝政変〟に繋がらないのも、これもまた当然の道理だろう。

稼げる、魅力あるコンテンツであり続けられるのか。

後の章でも精査していくが、あれだけ勝っても、落合監督が最後に降ろされてしまった大きな要因の一つに、この「視聴率」の問題がある。

立浪和義というドラゴンズのレジェンドへの期待感と人気ぶりは、２年連続最下位でも失せていない。その一つの証明が「視聴率」に表れている。

名古屋におけるドラゴンズという「コンテンツ」の偉大さが、より際立つことになる。

古くからの枠組みが崩れないのは〝誰も困っていないから〟

名古屋市の人口は２３２万６５１８人（２０２４年２月１日現在）。東京のおよそ５分の１。その市場規模で、本拠地のバンテリンドーム ナゴヤには１試合３万人近い観客が詰めかけ、それを年間70試合近く開催するのだ。

１試合平均２万８千人のサッカーＪ１・名古屋グランパスエイトはＪリーグの中でも有数の人気チームだが、それでも年間動員は50万人程度。バスケットボールのＢリーグでは満員でも１試合５０００人程度。30試合で９万人がクラブの目標だ。

森脇は、スポーツ局長という立場から、中日ドラゴンズという〝興行主〟のすごさを改めて感じるのだという。

「バスケットの９万人だって、ドラゴンズなら３試合で軽くいっちゃうような数字じゃないですか。年間で２００万人集めるわけですよね。そんなコンテンツが他に存在するのかといったら、存在しないわけですよ。名古屋みたいな２３０万人くらいの街で、東京からしたら５分の１ですよね、そのマーケットで毎日２万人、どうかすると３万人以上を、七十何日もやれるコンテンツなんてないんですよ。どこまでいったって、ね」

だから、古くからの枠組みが崩れない。

それは、はっきりといえば「儲かる」からだ。既得権を守ることが、自分たちの存在意義にも繋がってくる。

「実際、２０２３年でいえば困っていないんですよ」

森脇がそう語れば、大澤も、自らの〝立ち位置〟を、明確に表現してくれた。

「東海ラジオって、ドラゴンズのオフィシャルスポンサーですからね。ウチがですよ。球団が、じゃないんですよ。そんなの、全国のラジオ局では初めてだったらしいです。そんなことが、行われる地域なんですからね」

プロ野球球団とラジオ局の「オフィシャルスポンサー契約」は、12球団でも初のことだった。一般的には、球団がラジオ局をスポンサードしたり、放映権を買ってもらえるようにラジオ局にセールスをかけたりするはずだ。

それが、全く逆なのだ。

「ドラゴンズステーション」と名づけられたワイド放送は、ナイター時期なら午後5時15分からスタートし、中日の試合前情報を伝え、そのまま「ガッツナイター」のナイター中継に入って、試合終了まで実況することになる。

それこそ、ドラゴンズ一色の番組構成になっているのだ。

中日は１９３６年創設、つまり戦前から脈々と名古屋で築いてきた伝統と歴史がある。古くからのしがらみとも言えそうな既得権に守られた枠組みの中で、今もなお、十分にやっていけるからこそ、こうした〝もたれ合いの仕組み〟が崩れないのだ。

パ６球団の〝映像管理システム〟がセにはない

その一方で、２００７年にパシフィックリーグマーケティング株式会社（ＰＬＭ）が設立された。

パ・リーグの全６球団が出資し、各球団から出向者も出している。

つまり、パの６球団が一体になってのビジネス展開だ。ちなみに、セ６球団によるこうした〝共同システム〟は、２０２４年現在も、まだ存在していない。

インターネットでの映像配信に関しては、球団ごとではなく、ＰＬＭが一括して放映権を管理している。球団が野球という「コンテンツ」を掌握し、ビジネス活用していく。

その当たり前の「ライツ・ビジネス」に、各球団が着手したのだ。

それまで球団は半ば、映像に関してはノータッチともいえた。

テレビ局に「放映権」を販売すれば、テレビ局がスタッフを出し、カメラを配置し、中継車を球場に持ってくる。アナウンサーと解説者が現場へ来て、その映像に声を乗せて放送する。

一方、「球団映像」では、球団が映像を扱う会社などに業務委託を行い、球団が試合中継の映像を制作、これを一つの「パッケージ」として、球団からテレビ局に販売する。

つまり、放送する権利だけではなく、球団が自ら制作した映像も放送局に購入してもらう仕組みになっているのだ。

テレビ局にも、メリットが大きい。

まず、中継に携わるスタッフを出さなくていい。映像を買うことができれば、試合前から試合後のインタビューまで、試合に関するすべての映像が揃っているのだ。

テレビ局にしても経費節減の上、重要なコンテンツは届けられる。

球団にすれば、この「球団映像」を販売することで収入を確保できる。テレビの制作会社に業務委託するコストを引いても、十分な利益が上がるのだ。

この「コンテンツ・ビジネス」が、脚光を浴びる時代が到来している。

例えば、メジャーリーグ中継では、現地の中継映像を見ながら、国内で日本語の実況と解説をつけて、放映するケースがもっぱらだ。

このパターンなら、応用はいくらでも利く。

だからこそメジャーでは、自分たちのテレビ局すら開設している球団がある。

ニューヨーク・ヤンキースは２０１９年８月、投資グループを結成した上で、スポーツ放送局の「ＹＥＳネットワーク」の株式保有を、20％から１００％にまで引き上げた。

つまり、自前のチャンネルを持っていることになる。

ソフトバンクも、本拠地・福岡ＰａｙＰａｙドーム横に建てたエンタメビル「ＢＯＳＳＥ・ＺＯ　ＦＵＫＵＯＫＡ」の中にスタジオを設置している。

試合中継の後にそのまま、そのスタジオからホークスに特化した番組も放送している。

スタジオを作れば、試合映像や選手を絡めたＣＭも球団独自で作ることができる。それこそ、球団にテレビ局を設けてしまうようなものだ。

野球という「コンテンツ」を、球団が管理する。

この〝当然のコンセプト〟が、20世紀の球団ビジネスには皆無だったのだ。

例えば、過去のスーパースターたちの映像や、過去の優勝シーン。こうした名場面の映像を繋いで、試合前や試合中に、センター後方の大型ビジョンで流したいと企画しても、これまでの球団には、そうした「アーカイブ」がなかった。

つまり、映像を押さえていたＴＶ局に、自分たちの映像を借りなければならなかった。簡単に見つからないケースもある。しかも、自分たちの映像をお金を出して借りるという何ともおかしなことが起こるのだ。

しかし「球団映像」という仕組みであれば、その映像は球団のものだ。

この「インハウス・メディア」がスタンダードになりつつあり、そのソフトは多チャンネル時代に突入した今、いくらでも価値を生んでいく。

ところが中日の場合、これを放送局に〝完全委託〟しているともいえるのだ。

セには既得権益を守りながら収益を上げるシステムが出来上がっている

巨人戦の中継権は「１試合１億円」を超えた時代もあった。

セの各球団にとっては、これが命綱ともいえた。

２００４年の球界再編騒動の時、またそれ以前にも「セ・パ交流戦」のプランが浮上するたび、その分け前に与《あずか》ろうとしたのが、かつてのパであり、巨人戦の試合数という〝既得権〟を守るべく、まとまって反対したのがかつてのセだった。

その「昭和のビジネスモデル」は、すでに崩れている。

それでも、セ・リーグは〝セ・リーグＴＶ〟をやらないのだ。

識者たちは、メジャーのように映像を一括管理し、そこから発生する放映権料をリーグで管理し、平等に各球団に分配すべきだと、理想論を声高に主張する。それはスポーツビジネスとして、また球界全体の発展という大所に立てば、至極当然の理屈でもある。

しかし、中日をはじめ、巨人、阪神、さらには広島もそうだろう。

戦前、あるいは戦後直後から長い歴史を誇る老舗は、地元のマスコミとの協力体制ががっちりと固まり、その既得権益を崩すことなく収益を上げるシステムが出来上がっている。

そもそも、中日も巨人も新聞社が親会社だ。

コンテンツを握っている強みは、マスメディアだからこそ、よけいに価値が高い。

そこを崩してまで再編する必然性は全くないのだ。

立浪監督のキャンプ初日を「全員ランニング」でスタートした〝理由〟

２０２２年２月１日は、立浪和義が監督に就任しての沖縄・北谷キャンプ初日。その記念

2023年のキャンプ初日朝に行われたスパイク・ダッシュの光景

すべき〝船出〟の朝、全体練習の幕開けは「全員での一斉ランニング」からだった。

ここ数年、プロ野球のキャンプでも選手個々の練習メニューが多様化している。

投手と野手、野手でもベテランのレギュラー陣と20代前半の若手選手では、トレーニングの強度や内容も変わってくる。そのため、ウォーミングアップの内容ですら、選手個々やポジションで違うようなケースも増えている。

つまりは全員が揃って走るというのは、平たく言えば〝あり得ないメニュー〟なのだ。

これを、監督1年目の初日に〝復活〟させた。

さらに翌２０２３年２月の北谷キャンプ初日の練習メニュー表には「Ｗ―ＵＰ」（ウォーミングアップの意）と記された右横には「※スパイク準備」の注釈がつけられていた。まだ実戦練習にも入っていない。足に負担がかかるスパイクをいきなり履くと、いくら温暖な２月の沖縄とはいえ、怪我に繋がりかねない。

それでも選手は普通に履き替え、ダッシュが始まった。

ただ、それはほんの5分ほど。すぐにまた、アップシューズに履き替えた。

これらの２０２２年「全員ランニング」も、２０２３年「スパイクダッシュ」も、午前10時前後に行われるのがミソだ。

球春到来。

その見出しに合わせるよう、球団の親会社である中日新聞をはじめ、地元名古屋の各紙夕刊の締め切りに間に合うよう、絵作りをするのだ。

その光景はもちろん、名古屋の昼のニュースでも流れる。

それが名古屋の２月１日の「慣行」であり、フロント側の要望に現場も同意の上、名古屋の歳時記の中に組み込まれた光景を「演出」したというわけだ。

球団と地元マスコミの共存共栄。これを馴れ合いだと批判するのは簡単だ。しかし裏を返せば、名古屋での「球団ビジネス」というものが、それこそ十分に成立しているという証明でもあるだろう。

球団と、それを取り巻く関係各社との間で、それこそウィンウィンの関係がしっかりと出来上がっているのだ。

長き歴史と地元との深い絆に基づく、それが中日ドラゴンズの「当たり前」なのだ。

第2章　半歩だけ前へ

「名古屋めし」を代表する一品といえば「味噌カツ」は欠かせないだろう。

熱々の鉄皿の上に千切りのキャベツが一面に敷かれ、そこにとんかつが鎮座している。

その上から味噌だれをかけるのだが、この味が意外にしつこくない。プロ野球の取材で名古屋出張に来るとふと食べたくなり、すぐに連想される〝あの有名店〟へと足が向く。

玄関に描かれている「豚」は、なぜか直立している上に、相撲の化粧まわしをしている。

その独特のキャラクターで有名な「矢場とん」は、戦後すぐの１９４７年創業。その長き歴史は、その味が名古屋の人々の生活の中にしっかりと根づいた証でもある。

中日の本拠地・バンテリンドーム ナゴヤのバックスクリーン上、３画面の横幅合計が約１０６メートルであることから「１０６ビジョン」と呼ばれるその大型ビジョンの上部、日章旗や球団旗を挟み、スタンドから見ると右側には「中日新聞」、左側には化粧まわしに横綱を締めた「豚」とともに「矢場とん」の看板が掲示されている。

さらにドームに隣接する「イオンモールナゴヤドーム前店」の「豚」は、ドラゴンズのユニホームを着て、バットを振り上げている。店内には監督の立浪和義をはじめ、主力選手たちのサイン入りユニホームが額に入れられ、壁一面にずらりと飾られている。

その「矢場とん」には、２０１４年創部の硬式野球部がある。

選手、スタッフは全員が店舗で働き、午前中に練習、午後からは店に出る。

社会人クラブチーム日本一を決める「全日本クラブ野球選手権大会」で、２０２３年に４度目の出場で全国初勝利を挙げると、勢いに乗って決勝へ進出し、準優勝にも輝いた。

その強豪クラブの創部時に監督を務め、２０２３年は部長を務めている片貝義明を、練習場の愛知・津島球場へ訪ねたのは、選手権が終わって1カ月後の10月のことだった。

中日は貿易商？　味噌煮込みうどんの麺は半煮え？

捕手、スコアラー、打撃コーチ補佐、動作解析担当、営業担当として中日一筋40年。退団直後に「矢場とん」へ入社すると、いまや人事部長まで務めている。

ドラゴンズと矢場とんという、どちらも〝ザ・名古屋〟ともいえる企業で、その個性と能力を存分に発揮し続けている片貝が、群馬県出身だということに改めて驚かされる。

群馬の名門校・前橋工での同期生は、１９７４年の阪神ドラフト1位・佐野仙好《のりよし》。佐野は中央大、片貝は社会人の名門・日本石油（現ＥＮＥＯＳ）を経てのプロ入りだった。

片貝は１９７２年、中日からドラフト2位指名を受けた。

バンテリンドーム「106ビジョン」の中央左上に「矢場とん」の看板がある

当時は社会人野球の全盛期。主力のプロ入りは戦力ダウンに繋がるため、社会人野球の最高峰ともいえる大会、都市対抗に出場することで〝最後のご奉公〟をし、指名の１年後にプロに入るということがルール上でも可能だった。

片貝も、会社から「１年待ってくれ」と要請され、１９７４年に中日に入団した。

関東地方で生まれ育ち、社会人生活を過ごしたこともちろんだが、１９７０年代当時はプロ野球といえば巨人、テレビ中継といえば「巨人戦」しかないような状態だった。

だから、片貝が「中日」に触れる機会は、指名されるまでほぼなかった。

高校時代にオープン戦が群馬で行われた時、練習や試合の雑用をこなすために片貝ら地元の野球部員たちが駆り出されたという。目の前で王貞治（現ソフトバンク球団会長）、長嶋茂雄（現巨人軍終身名誉監督）が躍動する姿に釘づけになった。

「もう、あそこから完全に巨人でした」

それも無理のない環境だ。だからこういう反応になる。

「中日のスカウトさんが来てくださった時に、中日って何しているんだろ、って、実際問題ね。最初、貿易商かなと思ったんです、中国との、ね。そんな感じなんですよ。中日ドラゴンズの選手も、ジャイアンツ戦しか映らない。そういうとこなんです」

もちろん、親会社の発行する中日新聞も「知らないし、読んだことなかったし、あること自体が分からなかったんです」。

片貝にとって、名古屋は完全に未知なる場所でもあった。

片貝義明氏

「野球っていうのがあったし、ドラゴンズの中では、地方から来ている人がほとんどじゃないですか。生活の80%は〝その中〟だから、一般の人に交わることは少ないんです。一番困ったのは、寮に入って、寮のおばちゃんたちの言葉が分からなかったことですね。名古屋弁、全然分からなくて、えっ？　えっ？　って。何言ってるんだろうって」

入団会見前の昼食は「味噌煮込みうどん」だったが、これもその時が初体験。太い、平打ちの麺に「これ、うどんなの？　えっ、半煮え？」と戸惑ったことも忘れられないという。

あちらこちらで、カルチャーショックに遭遇した。

「文化的にはすごく違和感があったんだけど、人間的には友達に恵まれたのかな。周りにいた人たちに、いい人がいて。だけど、やっぱり独特な習慣とかがある。言葉とか教わりつつ、ああ、そうなんだ、と」

その〝アウトサイダー〟だった片貝がドラゴンズで数々の改革を起こし、名古屋を代表する企業で、第二の野球人生を送っている。

名古屋の人になり切った男の話は、実に興味深かった。

現役時代は〝若手育て係〟

現役、ＯＢを問わず、ネット検索でプロ野球選手の名前を入れると、ＮＰＢ（日本野球機構）のホームページ上で公開されている「個人年度別成績」が表示される。

１軍での成績のみだが、それが「プロ」の世界で生きてきたという証でもある。

「実績は、全然ないんですよ」

中日の捕手として、７年間の在籍経験がある。しかしながら年度別成績に掲載されているのは、入団１年目の１９７４年と、３年目の１９７６年の２シーズンしかない。

出場13試合、12打数３安打１打点、本塁打０、打率・２５０。

「７年やったんだけど、最初の３年くらいはある程度、選手として頑張ったんです。でも最後の２年くらいになったら、とりあえず〝ファームの若手育て係〟みたいなのをさせられてね。牛島とか小松とかファームに来たら『お前がキャッチャーしろ』と。自分は当然現役をやりたいに決まってんだけど、教育係みたいな立場にさせられて、何なんだろ、って思ってね」

　さりげなく、ビッグネームが連続して飛び出してきた。

　牛島和彦は１９７９年ドラフト１位。大阪・浪商高（現大体大浪商高）のエース右腕として、巨漢ゆえに「ドカベン」の愛称で親しまれた捕手・香川伸行（南海～ダイエー）とバッテリーを組み、３年春の甲子園で準優勝、同夏もベスト４に輝いた。

　ちなみに、その年の阪神ドラフト１位が２０２３年に監督として阪神を38年ぶりの日本一に導いた早大・岡田彰布《あきのぶ》だった。

　２年目の１９８１年には51試合に登板し、一気に台頭してきた牛島は１９８４年、セ・リーグ最多の29セーブを挙げるなど中日の若きストッパーとして活躍したが、１９８６年オフ、落合博満との１対４の大型トレードの〝目玉〟としてロッテへ。その移籍初年度にも２勝24セーブでパ・リーグの最優秀救援投手賞に輝いている。

１９９３年にロッテで現役を終えた後、２００５年から2年間、横浜（現ＤｅＮＡ）の監督も務めている。しかしトレードで離れて以来、中日のユニホームは一度も着ていない。

小松辰雄は１９７７年のドラフト2位。石川・星稜高時代から剛速球が注目され、スピードガンが導入され始めた当時のプロ野球界で「１５０キロ」の大台に乗せた。１９８５年には最多勝、最優秀防御率、沢村賞、１９８７年にも２度目の最多勝のタイトルを獲得。現役引退後は中日投手コーチも務め、２０２４年からはドラゴンズＯＢ会の会長に就任した。長い時を経ても「ドラゴンズの顔」であり続ける重鎮の一人だ。

その小松も、プロ２年目の１９７９年に54試合登板で6勝16セーブを挙げている。

つまり、２人が１軍で飛躍する〝前段階〟において、まずファームで十分な実戦経験を積ませ、結果と自信を生むその好循環を生み出すべく、片貝のように経験があり、安定感たっぷりのベテラン捕手をパートナーにつけたというわけだ。

そうした裏方的な役割を、片貝は早くから託された。

面倒見のよさ、そして、地味な仕事も厭わない。

プロ野球の球団は、多くの『人』が動き、関わっていく組織だ。フロントの要職にいる人たちは、そうした組織人としての適性をよく見ているものだ。現役を退いてから、球団に残って裏方の仕事を長く続けている元プロ野球選手たちは、一般社会でも十分に通用する穏やかさと常識の持ち主で、元プロ野球選手のプライドをひけらかしなどしない。

片貝は、１９７７年からの４シーズン、１軍での出場機会がなかった。

「あ、終わりだなと思ったんですよ」

１９８０年秋、球団から呼び出しを受けた片貝は、当時の球団代表・鈴木恕夫《ひろお》から、ぶっきらぼうに、こんな〝詰問〟を受けたのだという。

「おめえ、現役やりてえか？」

片貝は「続けたいです」と現役続行を訴えた。ただ、片貝の話を聞くと、これがどうも、鈴木の作戦だった感じすらしてくる。

「続けてもいいぞ。でも、俺が代表の間は絶対1軍に上げねえからな」

もはや暴論に近い。令和の時代ならパワハラで訴えられかねない。片貝もさすがに「何言うんだ、この人って思ったのよ」。

片貝に硬化の色が見えたところで、鈴木は思わぬオファーを出してきた。

「こういう仕事があるんだ。やってみねえか？」

それが「スコアラー」だった。

後に片貝は、この役割に大革命を起こすのだ。

先乗りスコアラーの重要性

プロ野球界に「データ」の重要性を持ち込み、そこから相手の攻略法を分析し、そのデータを基に戦い始めたのは、野村克也が監督だった南海（現ソフトバンク）の頃からだろう。

１９７０年代頃、その分析合戦が激しさを増し、相手ベンチに盗聴器を仕掛けて指示の内容を盗聴したり、本拠地のスコアボード内に忍び込み、センター方向から捕手のサインを双眼鏡で見て読み取ると、打者がユニホームの内側に忍ばせた受信機に電気信号を送り、打つ球種を絞ったりするというスパイ合戦が、舞台裏では繰り広げられていた。

もちろん、その後は「禁止」となった違反行為ばかりだが、裏を返せば、それほどまでにデータ分析の重要性に気づき、勝つために、本気で〝データ野球〟に取り組み始めた頃だったという証左でもある。

当時、中日にも「先乗りスコアラー」がいた。

自チームが次のカードで対戦する相手の直近の試合を視察、バッテリーの配球の傾向や打者がどのカウントでどういう球を打ってくるかといったデータを集め、対戦前にあらかじめ分析しておくという、重要な任務を帯びている。

片貝の前任者・江藤省三は巨人、中日でプレーした元プロ野球選手で、引退翌年の１９７７年から４シーズンにわたってその分析稼業を務めていた。

ちなみに兄も中日で活躍し、首位打者３度の江藤慎一。省三も１９８１年から巨人に復帰してコーチなどを歴任。さらに２００９年から13年は母校・慶大の監督も務めている。

当時のスコアラーの仕事は「だから〝はしり〟ですよ」と片貝は振り返る。

「ドラゴンズでデータというのはホント、紙１枚だったんですよ、渡すのがね。で、何も残ってない。だから巨人とか近鉄のスコアラー、先乗りの人に頭を下げて『ウチ、データがないんで、教えてください』って。それでフォーマットを作ったんですよ」

先に触れておくが、決して江藤がさぼっていたというわけではない。記録として、さらにデータを蓄積して保存しておくといった概念が、まだなかった時代でもあった。

色分けした詳細なデータで〝江川攻略〟

片貝は、スコアラーが作るデータの「原型」を作ることにした。

ストライクなら○、ファウルなら△など記号を統一、打者一人一人、1打席ごとに、9分割したストライクゾーンに、相手バッテリーの配球を1球ごとに書き込んでいく。

走者の有無など、そのシチュエーションも分かるように記しておく。

「何かと分けて、それを自分で作って、それを出すようにしたんです」

こういう創意工夫が片貝の持ち味になることを、この後を読み進めていく上で、ちょっと記憶の片隅に残しておいてほしい。

今ならそうしたデータを作成した後、メールに添付して送っておけば、それこそ瞬時に現場の監督やコーチに届く。現場付きのスコアラーがそれを確認した上で、試合前のミーティングの重要な資料となる。

打った球は赤色にするなど、片貝は見やすく、分かりやすくするために工夫をこらした。

ただこれをＦＡＸで送信すると、受け取る側では色の識別はできない。

ナイターが終わり、徹夜でデータをまとめて資料を作り上げると、片貝は遠征先から名古屋へ向かい、資料をチームに手渡した後、また次の遠征先へ向かうこともあった。

「みんな〝人力〟ですよ。今ならメールに添付して送りゃいいんだけど、そんなのねえからね。ファックスも赤色とかだと送れないから、結局持って行くわけですよ」

その〝片貝メモ〟が、チームの運命を切り開いた試合があった。

１９８２年９月28日、ナゴヤ球場での巨人戦。

リーグ優勝をかけた「天王山」。その本拠地３連戦の初戦だった。

苦手にしていた江川卓を攻略し、９回に４点差を追いつくと、延長10回に大島康徳がサヨナラ打。優勝へ「マジック12」を点灯させると、８年ぶり３度目のリーグ優勝へと突っ走り、中日はそのままゴールを切ったのだ。

当時の監督・近藤貞雄は、片貝の分析力を買い、そのデータを重宝した。

江川対策のミーティングで、片貝は「はったりをかましたんです」と笑う。

「手の打ちようがないですもん。だから、先乗りとして分析して、少しでもいいから徹底させようと思ってね。『もう、これ打て』って。江川の武器は真っすぐ、それが高いから」

コーチの黒江透修《ゆきのぶ》と、ちょっとした芝居も組んだ。

「おい、カタ、キャッチャーやれ」

「分かりました。顔面ですよ」

片貝は、打者の顔面の高さにミットを構えた。江川の伸びてくるストレートは、そのあたりに来るというイメージを徹底させ、試合前の練習でバッターに振らせたのだ。

それが、見事にハマった。

「はっきり言って、自信がありますよ」

スコアラーという仕事の重要性を認識させたという自負。そう言い切れるだけの成果を片貝は出していた。

そういう男を大事にし、目をつけたのが星野仙一だった。

スコアラーとコーチ補佐の〝二刀流〟

現役時代、ヒット3本の片貝に、星野が「コーチをやれ」と命じたのは1990年だった。

「僕のコーチ像っていうのは、実績もないんでね、なかなか難しい。コミュニケーションのツールは持っていましたよ。でも実績がないから『イヤだ』って断ったんですよ」

ただ、星野は頑固だ。一度決めたら、もう引かない。

「お前は、一生懸命仕事をやってるから、コーチになれ」

片貝のユニホームも、背番号もすでに準備されていたのだという。

「いや、僕、なりませんよ」

かぶりを振り続ける片貝は、とうとう監督室に呼ばれた。

「俺の命令が聞けねえのか」

星野が、烈火のごとく怒鳴り上げた。

ただその後が星野らしい、事態の〝落とし方〟になっている。

「俺は、おめえのために言ってるんじゃねえんだ。コーチになる、給料が上がる。家族のために言ってんだ。馬鹿野郎。着ろ！」

片貝は、その心遣いがたまらなく嬉しかったのだという。

「そういう人なんです。殴るだとか、蹴るだとか、そういうのが前面に出てるけど、面倒見がすごくいいんです。（監督）1期目の時は、特にそうでしたね。トレードに出す時でも気を使って、辞める時はみんな、評論家から何から全部紹介して。だからみんな、慕っていた部分もあるんですよ」

以来、片貝は試合前は打撃コーチ補佐、試合中はチーム付きのスコアラーとして、実に多忙な〝二刀流〟の日々を送った。試合データの分析は、ナイターの翌日、つまり試合前の午前中から球場に来て、練習前までに資料としてまとめた。

「僕らも契約なんです。1年契約、選手と一緒ですよ。だから、悪いと切られちゃうじゃないですか。これができる、もうちょっと半歩先、それをやっていかないと持たないわけですよ。自分の職業、自分の立場を確保しない限りは、誰でもできるんだったらそれで終わっちゃうじゃないですか。若いやつにいつでも代えられちゃうんで、その危機感はずっと持ってやっていました」

コーチとの兼業は6年間。その間に高木守道が退任し、1995年オフ、2度目の監督に就任した星野から、思いも寄らぬ提案を受ける。

「ちょっと、研究してみてくれんか」

データ分析をコンピュータでやる。

それを片貝に作らせようという、仰天の指令だった。

手作業でのデータ入力をデジタル化

いまや試合中のベンチでも、スコアラーの説明を受けながら、データを確認している選手の姿がよく見られるようになった。

パソコンでデータ処理されたものをプリントアウトしておき、投手が交代すれば、打者はその投手のデータを即座に確認する。

ストライクゾーンが９分割され、球が来やすいコースと球種ごとに色分けされている。

カウントごとに、こういう配球の傾向があるというのもひと目で分かる。

スコアラーの手作業も含まれているが、球場に設置された「ホークアイ」や「トラックマン」といった精密な分析機器により、１球ごと、１スイングごと、１プレーごとのパフォーマンスがデータ化されている。

その蓄積された膨大なデータも、投手ごと、打者ごとにあっという間に分類される。

片貝が手掛け始めた頃には、その蓄積と分析はスコアラーの手作業に頼っており、まだまだ時間がかかっていた。

これをデジタル化することでデータ集計、整理の時間や労力を激減、これに伴ってよりデータ分析に注力することができるようになる。ただパソコンがまだ一般に普及していなかった１９９０年代には、そうした発想が球界には皆無ともいえた。

こうしたデータを収集、解析するシステムを構築し、スコアブックをコンピュータで管理するソフトを開発したのが、１９８８年創立の「アソボウズ」だった。

１９９５年のヤクルトは、この分析データをフルに活用したのだ。

オリックスとの日本シリーズを前に、監督の野村克也は「アソボウズ」のデータをもとに天才・イチロー封じの攻略法を考案。これを捕手・古田敦也に徹底させることで、日本一を勝ち取っている。

その先進的な取り組みに、星野はすぐ着目した。

星野の命を受け「アソボウズ」とタッグ

片貝は第2次星野政権で、コーチに就任することが半ば内定していたのだが、その〝役職変更〟は「突然だったね」と振り返る。

「『スコアメーカー』って（ソフトが）あるから、それを研究してくれんかって言われてね。だから、仙さん（星野仙一のこと）に言われて、アソボウズで作ったんですよ。それが全国にバーッと広がったんですよ」

星野が、2度目の監督復帰を果たした、まさしくその直後のことになる。

1995年11月の秋季キャンプは、沖縄・北谷で行われた。

そこへ「アソボウズ」のスタッフが訪れ、同13日から1週間にわたり、中日独自のフォーマットを開発することになった。

片貝は星野の命を受け、球団側の〝責任者〟となった。

アソボウズは、投手のフォームと球種の解析を２画面で行う「スコアメーカー１（Ｓｃｏｒｅ　Ｍａｋｅｒ１）」と、バッターのヒッティングゾーンや、飛球エリアを分析する「スコアメーカー２（Ｓｃｏｒｅ　Ｍａｋｅｒ２）」という解析ソフトを開発していた。

これまでのデータをこのソフトに入れることで、過去のデータが生きてくる。

元プロ野球選手にして、現役のスコアラーでもあった片貝だからこそ、その重要性が瞬時に分かったし、その経験を生かした意見もどんどん反映してもらえた。

片貝は、アソボウズのスタッフを自分の部屋に宿泊させ、機械やデータも持ち込んでもらった上で、１週間、その部屋にこもり切りとなったという。

この経験を通して、片貝はパソコンに精通することになり、プログラミングまでできるようになった。後に営業部に移った時に、この技術が再び発揮されることになる。

選手から絶大な信頼を受けた「動作解析」

アソボウズとのソフト開発に携わった後、落合博満の監督１年目には直々に「スコアラーを頼むね」と落合から頼まれたのだという。

その〝目〟は、信頼が厚かったのだ。

落合政権2年目の2005年からは「動作解析」の専従になる。選手の映像をパソコンに取り込み、調子のいい時のフォームを左画面に、撮った直後のフォームを右画面に表示する。

その2画面を比べながら、チェックができる。

「モーションアナライザー」と呼ばれたソフトウェアは、ノートパソコンとビデオカメラがあれば、それこそ遠征先でも自由に活用できる。しかも描写機能を使えば、取り込んだ映像に目印の線なども入れることができる。

「動作解析ってね、いろいろなことを知っておかないと分析できないんですよ」

片貝の説明によると、投手には6つの「ゼロ点」というものがあり、パソコンでの解析の際に、そのポイントのズレによって、投手のモーションや動きがいつもと違っていることが即座に分かるのだという。

「だから、結構技術が必要なんですよ」

プログラミングが可能なまでにパソコンに精通している片貝だからこそ、その運用はたちまち評判となった。

試合後、練習後と、投手陣がこぞって片貝の部屋を訪れるようになった。エースの吉見一起（現侍ジャパン投手コーチ）をはじめ、当時の投手陣の多くが事あるごとに「撮ってください」と片貝に依頼し、その分析に全幅の信頼を寄せるようになったのだ。感覚と経験則だけのコーチングから、綿密なデータと映像による分析をもとに、自らの練習法や調整スケジュールを組み立てる時代に入っていた。

「医者に例えてね、レントゲンがあるでしょ。それを見て診断するのは医者だと。俺たちはレントゲンを撮っているんだと。それを見て判断するのはコーチ。そのために入れたんですよ。選手は、口で抽象的なことを言われるより、見た方が早いわけですよ。『きょうは肘がこうなっている』とか『ちょっと下がってるんじゃねえ？』って言ったら『ああ、そうですよね』と。でも、コーチが『下半身が』とか言ってる時に、こっちが腕をやってたらおかしいじゃないですか。それで、（コーチの）言うこと聞かねえ、っていう話が出てきて」

２０００年代前半でも、まだこんな〝軋轢《あつれき》〟が起こるような時代だった。ただ、監督の落合博満の現役時代に1軍打撃コーチ補佐も務めていた片貝は、機械の目への〝不信感〟を抱く落合の気持ちは、よく分かったのだという。

「あんまり、そういうのは好きじゃないんだろうね、落合は。『動作なんてのは、俺が見ればいい』くらいに思ってたね。でも選手はよく来ましたよ。だから、そうするとピッチングコーチとかが、やっぱり嫌がるわけですよ」

落合政権下で「動作解析」の部署は閉鎖

落合の指導方針は、それこそ〝目〟が肝心だった。

試合前の打撃練習中、落合はよく、バックネットの三塁側寄りのところにいつも停車していたグラウンド整備用の小トラックに座り、そこから選手の動きを見ていた。

番記者時代、一度だけ、その隣に立たせてもらったことがある。

「お、横にいてもいいぞ。でも、何も聞くなよ」

そう釘を刺されたが、落合は日々、何を見ているのだろうという興味もあったし、何かしら、原稿になるようなエピソードを引っ張れないかという、ちょっとした野心もあった。

ひたすら無言で、落合の横に立ち続けてみた。

「違う」「やっぱり違う」「きょうは違うぞ」

ぶつぶつ話す声が聞こえてきた。しかし、何の意味か分からない。

「おい」

落合は、グラウンドキーパーの一人を呼んだ。

「きょう、いつもと違うよな」

落合がそう言うと、グラウンドキーパーの視線は地面の方に下りた。

「あ、すみません。ちょっとズレていますね」

いつも停める位置は、人工芝の色が少し褪せている。その褪せた色が見えている。

それこそ、２〜３センチのことだ。

定点観測で、選手の動きの違いを見抜く。そのポジションがほんの少しだけズレていたことに、落合は気づくのだ。

何も言わなくても、落合はそのことを教えてくれた。

この人は、こういう伝え方をするのだ。

だから、機械の目はいらない。俺がそれをやる。俺の部下のコーチがそれをやる。

２００８年、落合政権５年目、片貝が動作解析に携わって４年目で、その部署が閉められることになった。

選手たちは、片貝に「なんで閉めるんですか」と猛抗議に来たのだという。

片貝は、冷静にこう諭した。

「もしお前たちが、選手会とかでそれを言い出したら、お前ら、干されちゃうぞ。だからこはこれで、閉めたらいい」

その後、動作解析の部門は再開している。

いまやそうしたデータ分析や動作解析を専門に取り組む部署やスタッフを抱えた球団の方が、スタンダードになっている。

試合に勝つために活用するデータがアソボウズで開発したスコア入力ソフトなら、動作解析は、個人の能力を伸ばすためのデータだった。

令和の時代は、その〝2種類のデータ〟を組み合わせ、個人の能力も、敵の能力も完全に映像や数値で徹底的に分析する。

そうしたコンセプトを理解し始めていた平成時代の選手たちと、己の技術と感覚で生き残ってきた昭和の名選手たちとのギャップが起こり始めた時代でもあった。

片貝の先駆的な取り組みは、まさしく時代に先んじていた。

動作解析の部署から離れると、片貝は「営業部」に異動する。

ここでも、片貝はまたもや時代を先取りした取り組みで、周囲を驚かせることになる。

動作解析から営業部へ転身

スコアラーも、動作解析も、球団の仕事の中では「現場組」と言われる。

ユニホームは着ない、グラウンドにもめったに行かないフロントの仕事を「背広組」と呼ぶのも古い表現だが、営業部はまさしく、ユニホームを着ない部署でもある。

「動作解析（の部署）を閉めたじゃないですか。まあ、クビかなと思ったの。そしたら会社（球団）の方から『営業に来てくれ』って。その時、僕は結構、パソコンに詳しかったんですよ。それで、まだ営業にそういうのがいないからって」

パソコンやプログラミングに精通した元プロ野球選手など、珍しいどころか、恐らく唯一無二の存在に違いない。

その片貝の〝腕と技〟を求める時代がやってきていた。

中日新聞社の社史『中日新聞社の百三十年』の第2章は「ネット時代　厳しい経営」という、シビアなテーマが掲げられている。

ネット時代の到来を、どう中日新聞社が分析していたのかがよく分かる。

日本で初のスマートフォンの登場は、２００８年７月に発売されたｉＰｈｏｎｅだった。以来、スマホは従来型の携帯電話に代わり、急速に普及した。（中略）こうしたモバイル環境の変化を受け、新聞各社がデジタルサービスを本格化させた。

先陣を切って日本経済新聞社が日経電子版をスタートさせたのが10年3月。続いて朝日新聞社が11年5月に朝日新聞デジタルを開始。12年5月には毎日新聞社がＴａｐ－ｉ、読売新聞社が読売プレミアムを相次いで始め、こうした流れの中で、わが社も12年6月購読者ネットサービス、中日新聞プラスを開始した。

しかし、モバイル環境の激変は電子メディア局の事業に副作用をもたらした。従来型携帯のｉ－ｍｏｄｅに代表される有料情報サイトで、中日新聞・中スポニュースやドラゴンズ情報などのサービスに多数の会員を集め局の収入源の柱になっていた。ところが、スマホへの転換で従来型携帯の解約に伴い有料サイトの会員数が激減、11年以降、局全体の売上も前年比マイナスが続いた。

最大の会員数があるドラゴンズ情報を２０１１年夏にスマホ化したのを皮切りに、14年までにＦＣ東京、釣りナビ、Ｆ１エクスプレス、グランパスウォッチャー（新設）など有料サイトのスマホ対応を完了した。しかし、スマホにはさまざまな情報が無料で手に入るサイトやアプリがあふれており、ｉ－ｍｏｄｅ時代のように有料サイトで収益を上げるのは容易ではない。

（72～73ページから抜粋）

親会社も危機感を持ち始めた時代背景で、片貝は営業部に移った。

〝スマホ対策〟に本格的に取り組まなければ、球団はおろか、本社の屋台骨すら揺るぎかねない状況が迫っていた頃だったのだ。

そもそも、中日の営業部は「人が少ないんですよね」と片貝が説明する。

それは、名古屋が豊かな街だからだ。

「内閣府令和元年度県民経済計算」によると、愛知県の県内総生産は40兆９１０７億円で全国３位。ちなみに１位は東京、２位は大阪だ。１人当たりの県民所得でも、全国２位となる３６６万１千円。１位は東京、全国平均は３１８万１千円だから、その〝豊かさ〟は明白に数字に表れている。

総務省・経済産業省の令和３年経済センサスによると、製造業の製造品出荷額では全国１位の43兆９８８０億円。事業所数も全国１位の１４５９３を数える。

つまり、産業も盛んで豊か。スポンサー獲得にも困らない。だから、営業が育たないというのが、片貝の見解でもある。

「もう経営状態がいい時なんか、受付業でよかったんだもん。『あ、切符はないです』とか『ありますよ』で電話をガチャン。営業、それだけだもん。何をしなくても、売れてる時期だったんだよ。それで育つわけないでしょ。不自由していないんだから」

スポンサーにも、古くから中日を支えてくれている東海地域の大企業がある。入場券もそうした企業群が年間指定で買ってくれることもあって、市中に回るチケットはそれこそプラチナ化している。だから、必死に営業をかけなくてもやっていけるのだ。

そもそもプロ野球の球団経営というのは不思議な仕組みで、年間予約席は開幕前に販売されるので、年間の売上がある程度、その時点で固まってしまう。

つまり、儲かっているか、儲かっていないか。黒字化できるか、赤字なのか。それこそ戦いが始まる前に分かってしまうのだ。

その時点で黒字化の見通しが立っていれば、攻める必要はないから、モチベーションも湧かない。新規開発の努力などしなくても、大丈夫だったのだ。

その〝緩さ〟が、片貝には見えた。

「基本的には不自由していない。そこだと思いますよ。だから工夫もしなくていい。アイディアも発明も生まれない。困っているから開発して、何かが生まれてくるんです。全体的にそんなすごくお金が儲かるわけじゃないけども、生活には全然困っていない」

矢場とんの人事部長としても、その〝名古屋の豊かさ〟を実感するのだという。

「時給を上げようが、何しようが、人が来ないんですよ。飲食って、なかなか来てくれない。他の地方だと人が余っているとかいうんだけど、中部圏、そういうのないですもん。家から通っている子が多くて、アパートで独り暮らしとかしていない。そしたら、別にお小遣いを自分で、というのもホントない。集まらないんですよ。ホントにびっくりするくらい安定している地区なんです」

内閣府が発表した「２０２０年度県民経済計算」は47都道府県における県民１人あたりの平均所得をランキング化したものだが、愛知県は３４２万８千円で、東京（５２１万４千円）に次ぐ2位。トヨタ自動車をはじめとした製造業が盛んで、そのマーケットは大きい。

つまり、名古屋にいればすべては事足りる。

そこに新たなチャレンジ精神というものは、なかなか生まれないというわけだ。

球団の「ホームページ」を立ち上げる

だからこそ、あえて片貝は精力的に動いたのだという。

「何でもやっていいんだよ。楽しかったもんな、営業に入ってから。ホント、楽しかったですよ。文句言わねえから、誰も」

新しいことをやっても、誰も別に食いついてこない。その〝名古屋気質〟を、いわば逆手に取る形で、片貝はまたもや、新たなチャレンジに打って出た。

球団の「ホームページ」を立ち上げたのだ。

「僕はスコアメーカーの時もそうだけど、動作解析だって、他より一番早くやったんですよ。現場にいいものを作ろうとやったんだけどね」

プログラミングもお手の物。周囲は関心もなければ、その仕組みも分からないから、片貝のやることに口出しもしてこない。

片貝の実験は、画期的だった。

ナゴヤドームの入場券は、１９９９年からオンラインで発売されていた。

ただ、この仕組みはオンライン上にチケット販売用のファンクラブを作り、そこに入っている人たちが対象という限定販売の方式だったという。

それまで一般向けのチケットは、プレイガイドなどの実店舗まで足を運ばないと買えなかった。むしろ〝並んで買う〟というのが、当たり前の認識だったのだ。

これを全国津々浦々から、いつでもどこでも、ドームの入場券を予約できるようにすれば、ファン層も大きく広がり、観客動員の伸びに繋がっていく。

そこで今ではこれがスタンダードだが、ホームページからチケットの予約ができるように準備したのだ。チャレンジの枚数は50。指定した日の夜中0時、日付が変わった瞬間に、巨人戦のチケットの販売を開始すると告知しておいた。

「そしたら、プロバイダーがパンクしたんですよ。サーバーがね。ぶわーっと来てね」

片貝が、嬉しそうにその〝パニック〟を振り返ってくれた。

ファンが一斉にホームページに殺到、回線がパンクしたのだという。ちなみに、準備していた50枚は、瞬く間に売れてしまった。

インターネット中継でビールかけを〝無許可配信〟

こういう時代が、きっと来る。

そう確信した片貝は、さらに先を行く。

優勝のビールかけをインターネット中継したのだ。雨合羽で完全防備した上で、配信用のアンテナを背負い、会場に乗り込んだ。

「球団の許可を取らないでね。業者の人と『やっちゃえ』って」

すると、思わぬ反応が飛び込んできた。

海外にいるドラゴンズファンたちが、大喜びしたのだ。優勝の喜びをリアルタイムで存分に味わい、その感激と感謝が、球団宛てのメールで殺到したのだ。

ビールかけの翌日、片貝はあるフロント首脳に呼び止められたのだという。

「ウチの娘、ロサンゼルスで働いてるんだけど『優勝見られたよ』って喜んでたわ」

繰り返すが、無許可配信だ。なのに、球団に褒められる。

これこそ、真のチャレンジだろう。

中日のホームページの盛況ぶりに、ビジネス雑誌からの取材依頼もきたという。

ネット時代の本格到来に対応していかなければならないという危機感が、球団や親会社の中日新聞サイドにも出てきたのだろう。本社から「ホームページをウチにやらせてくれ」という要請が、片貝のもとに届いた。

いわば、ええとこどり、というやつだ。

「そんなもん、やらせられん」

片貝は、にべもなく断ったのだという。

「俺は、ホームページを始める前に声を掛けたんですよ。『そんなもん、儲からないからいい』『発展せんからいい』って言われたのに、今さら、何言っとんのよ、って。そんな虫のいい話、あるかってね」

男の意地、そして、先駆者としてのプライドだった。

先んじるとブレーキがかかる〝名古屋方式〟

スコアラー、動作解析、そして球団ホームページの立ち上げ。

片貝による一連のチャレンジは、どれも時代に先駆けた取り組みだった。

ただ、冷静にこうした事態を分析すると、ある流れが共通している。

取り組む、成功する。そして他に先んじる。するとブレーキがかかって、後退する。いつの間にか他が追随してきて、横並びになる。

「そこなんですよ。実際問題、それが名古屋方式でね。お互いに迷惑をかけないよう、お互いに『ここら辺でやっておこう』なんです。独特ですよ」

球団営業としての片貝の持論は「中部王国を作る」というものだった。

「ここはね、日本一豊かな地域なんですよ。だから『中部王国』でいいんです。この辺りを活性化すればいいんです。ファンと一緒に、と思っていますから。勝つことは大前提なんですけど、勝てばいいっていうもんじゃないんです」

中日新聞、球団、ドームの３社で「活性化委員会」が設定されたことがある。

片貝は他の11球団を回り、ファンクラブの現状や活用方法などを調査。メジャー球団の球団経営に関しても、徹底的に分析した。

ＣＢＣと東海の両テレビ局が地上波での中継をほぼ独占する代わりに、球団映像としての役割を担ってもらうという〝もたれ合い〟の図式にも、片貝は懐疑的だ。

「ＣＢＣさんや東海さんに頼るんじゃなくて、自分のところで映像制作をして、その売上が上がった分、入場料を安くして、いっぱいファンに来てもらって、ドームを燃えるようにさせるのが最終じゃないの？　ヤンキースって、入場料が一番安い席なら10ドル（１４００円）くらい。中日の３分の１くらいなんですよ。あとはグッズとか放映権で持っているわけですよ」

片貝のまとめた改革案は「時期尚早」で片づけられた。

しかし2020年代、令和の新時代に入ってみれば、片貝の主張通りになっている。

「新聞社と同じ記事をネットに出して誰が見る?」

ネット時代で、新聞記事の配信もネットが主流になりつつある。

「初め、お金取るとか言ったの。会議に出たらね。取れるわけないじゃん。北海道で名古屋の原稿を見るのは、名古屋から向こうへ行った人だけだもん。『そんなので（収益が）上がるわけないじゃん』って俺、意見を言ったのよ。そしたら、俺が言ったせいかは知らんけど『中日新聞を購読している人を優先して考えましょう』って、変わったんですよね。

でも、ネットって世界に配信するんですよ。中部地方じゃないんですよ。ネットに何の意味で配信するの？　そんなもん、無意味じゃん。見たいコンテンツもないのに、ただ情報を出しているからって、カネになるわけがねえ。どう考えてもおかしくない？　見られないところを隙間産業として見せるのがお金になる。それはどこまでが常識の範囲なのか。極端に言えば、キャンプ中の選手の風呂場を映したらみんなが見ますよ。じゃあ、それできるのかって言ったら、それを判断するのが企業でしょ？　そういう世界なんですよ。新聞社と同じ記事を配信したって、誰が見るっていうんですか?」

時代とともに、新聞という『紙』から、ネット上への移行が着々と進んでいる。

ならば、中日新聞という地方の「ブロック紙」がネット上、つまり全世界に向けて情報を発信するその意義を、問い直さなければならないはずなのだ。

新聞記事というコンテンツを、インターネットという「プラットフォーム」に乗せ替えただけで通用するような世界ではないという片貝の主張は辛辣《しんらつ》で、かつ正論でもある。新聞社のプロパーの人間にしてみれば、実に耳が痛いはずだ。

「でも、俺は言うよ。だってよそ者だからさ。部外者だから」

出過ぎないように〝半歩だけ〟

スコアラーとして、データ入力をデジタル化し、パソコンを生かしての動作解析では選手たちからの絶大な信頼を得た。

球団ホームページを立ち上げ、ネット上でチケットを売り、ビールかけをネット中継した。

そうした先駆的な取り組みを、片貝は積み重ねてきた。

それらは球団が半ば、ほったらかしにしているところから生まれてくる。

それが形になり、採算ベースに乗り、他球団が追随してくるようになってくると、球団が突如として〝介入〟してくる。するとフロントランナーだったはずが、いつの間にか、周囲と足並みをそろえるような形になっている。

「まあ、しがらみ文化ですよ、日本のね。『目指せ一番』でなくてはいかんと思ったんだけど、もう一つは、出過ぎないように『半歩』なんですよね」

一歩進んで、半歩下がる。

その下がった分ではなく、結果的に進んだ半歩を大事にする。

片貝が取り組んだ数々の挑戦から浮き彫りになってくる教訓は、名古屋という内向きな社会での、ある種の〝成功するためのコツ〟なのかもしれない。

第3章　星野王国

この本の取材で、ドラゴンズに関わる多くの方々にお話を聞かせて頂いたが、ほぼ例外なく、誰もが『私と星野仙一』という貴重なエピソードを持っていた。

取材対象者の人選にはできるだけ特定の色のようなものが出ないよう、慎重にバランスを取ったつもりだった。

それでも、こう指摘されることがよくあった。

「ちょっと星野さん寄りじゃないですかね?」

私には、中日、阪神、楽天と３球団の監督を歴任してきた星野のもとで、番記者を務めた経験が実はない。「燃える男」として、巨人戦で鬼気迫るピッチングを見せてきた星野の現役時代は、まだプロ野球の取材に携わるような年齢でもなかった。

唯一の〝接点〟ともいえるのは２０１１年、東北地方に壊滅的な大被害をもたらした東日本大震災が発生した後のことだった。

星野仙一に〝心〟を掴まれる瞬間

楽天が本拠地の仙台での試合開催が不可能だった４月、甲子園で主催試合を行うことになった時のことだった。

その年から、星野は自身３球団目となる楽天の監督に就任していた。私は産経新聞社の大阪本社でプロ野球担当を務めていたが、楽天が関西に滞在していたその間、東京本社からも担当が来られないとのことで、ほんの数日だが、臨時の星野番を務めることになった。

甲子園球場で名刺を渡し、ご挨拶をさせて頂いた。

「おー、臨時番か。そうか、そういうのもあるのか」

深くうなずいた星野は、その〝一見《いちげん》の私〟も番記者の輪の中に入れ、すたすたと甲子園の外周を歩き始めた。

番記者たちととりとめもない話を交わしていた星野が、ふと足を止めた。

「ここも大変だったんだろ？　地震の時は？」

星野が私の方を見ながら、そう問いかけてきた。

きっと、知っているのだ。阪神・淡路大震災後とはいえ、２００２年から2年間、阪神の監督を務め、２００３年にはリーグ優勝も果たしている。勇退後もシニアディレクターとして、フロントの要職も務めてきた。

甲子園の歴史など、知り尽くしているはずだ。それでも、あえて聞いてくれるのだ。

隆起して、地割れが起こったという一塁側アルプス。実は私は、阪神・淡路大震災が起こった1995年は、サンケイスポーツの阪神担当1年目だったから、被害の状況も知っていた。

「あの辺り、地面が盛り上がって、スタンドにもひびが入ったんです」

「そうか。やっぱり、甲子園も被害が大きかったんだな」

星野がそう言うと、周りの番記者たちも一様にうなずいている。

第1章にも登場してくれた東海ラジオのアナウンサー・大澤広樹に、私にとって、唯一の星野とのエピソードを披露すると、大澤は「それ、目に浮かびますね」と笑った。

「私もそれを味わっていますし、心を掴まれました」

大澤も、東海ラジオの入社1年目に上司に連れられ、監督・星野仙一のもとに挨拶に行った日のことから、順を追って話してくれた。

「名刺を渡して、その時は『ふん』って。一瞥をくれたくらいで終わったんですけどね」

監督と入社1年目の新人アナウンサー。それこそ格も違えば、当時の大澤には星野に何かをぶつけて、話を聞き出せるような話術もネタも全くない。

醸し出される迫力の前に、ただただ、たじろぐしかない。

その出会いから、数カ月後のことだった。

試合前の練習取材で、一塁側ベンチ付近にいると「おい、大澤！」

星野に、いきなり大声で呼び止められたのだという。

「お前、実況の練習、ちゃんとやってるのか？」

番記者たちが星野を囲んでいる真っ最中だった。だからそこにいた誰もが、一斉に星野の視線の先にいた大澤の方を見たのだ。

「みんなの前で言うんですね。これって当然、ある意味の〝やり方〟なんですけど、1年目だから、ホントに嬉しかったんですよ。気配り、演出というのはすごかったですね」

東海テレビのスポーツ局長・森脇淳は、星野と同じ岡山・倉敷の出身だ。

上司にしてみれば、星野との会話を弾ませる潤滑油としてうってつけだ。アナウンサーとして入社した1年目、さっそくナゴヤ球場に連れていかれた。

森脇の母校で県下有数の進学校・倉敷青陵は、森脇が2年生の１９８３年夏、岡山県大会で準々決勝に進出する。星野の母校・倉敷商との対戦こそなかったが、倉敷商は準決勝まで進んでいる。

「そういう話を、ファーストコンタクトでしたんですよ」

同郷の先輩と後輩。学校は違えど、当然ながら話は弾む。

「そりゃ、ラベルが違うわ」

単なる言い間違いなのか、はたまた星野の口癖なのか。

それでも、郷土の誇る大先輩が、優しく話しかけてくれた第一印象は「ラベル」という謎の単語の思い出とともに、森脇の心に深く刻まれることになる。

沖縄・北谷でのキャンプ取材。選手宿舎で星野に出くわすと「おー、森脇」。

必ず、名前を呼んでくれるのだそうだ。そうやって、認識されているという気持ちが、またさらに、心をくすぐる。

「今から思うと、まあ、こういうところで星野ファンが増えるんだなと。二人称で呼ぶんじゃなくて、名前で呼ぶっていうのは、政治家さんもそうじゃないですか。人を人の名前で呼んで『お前のこと分かってるよ』みたいにね。星野さん、あれだけ人と付き合いながら、みんな覚えていますよ。すごいなと思います。怒った時は『お前』かもしれないですけど、それ以外のところでは『お前』とは言わないですからね」

こうやって星野番を務めた記者たちは、星野との関わりを、喜んで語ってくれる。

おっさんが好きか嫌いか、○か×か

ドラ番たちが草野球チームを結成し、他球団の番記者チームとの対戦に臨むと聞いた星野は「お前ら、絶対負けるな」とハッパをかけ、ドラゴンズ・ブルーに「Ｄ」の白いロゴが胸に入った揃いのグラウンドコートを人数分、ポンとプレゼントしてくれたという。

取材中の球場でも、そのジャンパーを誇らしげに着て闊歩している彼らの姿を見て、他球団の番記者だった私たちは、その一団を「星野組」と呼んでいた。

星野阪神時代の担当キャップたちも、遠征先でのナイター翌朝に、宿舎のホテルで星野を囲む〝お茶会〟に出席するのが必須だった。当然ながら、そこで語られるエピソードや世間の話題に対する星野の思いなどは、もれなくその日の原稿になる。

「眠いわ」とボヤキながらも、その時に星野がした話で、原稿にしなかった番外編の面白話を、私もよく聞かせてもらった。

彼らが持ち続けている〝熱〟が、ちょっぴり羨ましかった。

きっと、そうやって、中日に関わってきた多くの人たちの記憶には、どこかで必ず「星野仙一」という大輪の花に繋がる『根』が生え、今もなお繋がっているのだろう。

「おっさんに関しては、好きか嫌いか、どっちかよ。イエスかノーか。フィフティ・フィフティっていうのはいないね。だから、○か×。△はおらんわね」

星野仙一が好きか、それとも嫌いか――。

その二者択一の問いに対する答えで、その人の思いや、性格まで見える気もする。

金山仙吉の〝おっさん評〟は、その長き付き合いの中で育まれたものでもある。

現役時代は捕手として星野の球を受け、星野の命を受けて編成担当として動き、星野の第2次政権時には、監督付広報として常に寄り添い、その金庫番まで任された。

「一文字しか変わらんのよ。『センイチ』と『センキチ』よ。だから、本名ですか？　それとも、わざとこうしているんですか？　ってよく聞かれたわ」

もちろん、本名だ。父は「ヤスオ」で、3人の兄弟は「タカシ」「マサオ」「イサオ」で「俺だけが『仙』がついとるのよ」。

3カ所での姓名判断で「40代半ばで、生死をさまよう病気をする」と同じことを言われた。

その時ばかりは、金山も金山の妻も不安になった。

だから「卓嗣」と名乗ったことが、一時期だけある。

ただ、星野の監督付広報に就任する時に、再び「仙吉」に戻したという。

前述したように、私は星野番の経験はないのだが、金山はかつて編成担当を務めており、他球団の選手を調査するために訪れていた球場で、よく顔を合わせた。記者席が空いている時には、なぜか、私の横に座っていることもあった。

名古屋弁での解説を聞かせてもらいながら「報告書、書かんとイカンのよ」と、その試合で欠場していた選手の現状を答えると「ほー、それ、そのまま書かせてもらうわ」。

そうやって、球場で金山に会えば、近況報告をするような間柄が続いていた。

だから、この本を企画し、星野仙一の章を設けることを考えた時、一番に思い浮かんだのが〝センキチさん〟のことだった。

年賀状の束から金山の住所を確認し、取材申請書と取材したい内容を記した書類を名古屋市内の自宅へ送付させてもらったところ、即座に電話が来た。

「おー、懐かしい。で、何?」

「取材させてほしいんです。その内容、書いてるんですが?」

「読んどらんわ。名前見て、ま、取材か、そんなことやろと思ったわ」

星野仙一に全幅の信頼を置かれた男は「中日の本?　そんなん、書いて売れるん?」と笑いながら「星野の話を聞かせてほしい」という私の依頼を、それこそ、何年ものブランクを挟んでの電話だというのに、いともあっさり快諾してくれた。

「もう、忘れとるかもしれんわ。それでもよかったら。名古屋に来てくれるやろ?」

自転車にまたがってやってきた金山は、近所の「おかげ庵」の席を予約して待ってくれていた。ちなみに、その店は名古屋の定番・コメダ珈琲の「和《なごみ》喫茶」バージョンだ。

「傍から見とったら、ホント、星野はドラゴンズ愛があって、名古屋の人間だと思っとるわな。もう、そのレッテルをはってたんじゃないの? 名古屋の気性だもんね」

金山は名古屋に生まれ、岐阜の高校を出て、中日ドラゴンズに入団。それこそ生粋の名古屋人だ。一方で岡山・倉敷育ち、大学は明大と、中日に来るまでは名古屋に縁のなかった星野は、いわばアウトサイダーなのだ。

なのに、星野のことを「名古屋人」と呼んだところで、誰も違和感を持たないだろう。

それほどまでに星野は名古屋を愛し、そして名古屋には今もなお、星野を慕い続ける人たちがいる。まさしく、名古屋を媒介にしての相思相愛の関係ともいえる。

「星野仙一」を語ることとは、中日ドラゴンズの一時代と、名古屋という風土を語ることともはや、イコールのような気がしてならない。

この章の冒頭で記したように、星野番の経験のない私が書く中日の本でありながら、どこかしら〝星野寄り〟だと指摘されるのも、２０１８年１月に70歳でこの世を去った星野仙一という野球人が今もなお、名古屋で愛され、強い磁場のようなものを残しているという証左なのかもしれない。

名古屋生まれ、岐阜の高校、中日入団

金山仙吉は、１９５１年に名古屋市千種区で生まれた。

当時の中日の本拠地・ナゴヤ球場まで実家から「車で行けば15分」という、まさにドラゴンズのお膝元。ただ、ドラゴンズを後押しする熱狂的な空気を少々重たく感じ、ちょっと斜めに、冷ややかな目で見ていたのが、金山の少年時代だった。

金山仙吉氏

「ガキの頃から野球はやっとったけど、ドラゴンズファンじゃなかったね。やっぱり、巨人、大鵬、卵焼きの時代だから。ドラゴンズがめちゃめちゃ好きなやつは周りにおったんだけど、俺はドラゴンズ、あんまり好きじゃなかった」

それでも、野球の素質を買われ、特待生として岐阜・中京商（現中京高）に進学。恐らく地元の人たちは何の違和感もないのだろうが、中京大中京高は名古屋市で、中京高は岐阜県瑞浪市。このあたり、ついうっかり混同してしまいそうになる。

１９６３年に中京高が開校。その４年後の１９６７年、名古屋市の中京商が中京高に改称されたことで、岐阜の中京高が中京商に改称されている。

ところが、名古屋市の中京高は１９９５年に中京大学附属中京高に改称。これに伴い、岐阜の中京商は２００１年、元の中京高に校名を戻したが、２０１７年には中京学院大学附属中京高に改称。そしてまた２０２０年から、中京高に〝校名復帰〟している。

岐阜の方が「中京商」となってから、初のプロ野球選手となったのが金山だった。ちなみに「中京高」としては、松田宣浩（元ソフトバンク〜巨人）、吉川尚輝（巨人）がいる。

金山の担当スカウトだった中山俊丈は、名古屋市の「中京商」の出身だった。

１９５５年に中日へ入団すると、11年間で83勝、１９６４年８月18日には巨人を相手にノーヒットノーランも達成した左腕投手だった。

その中山と、金山の恩師である中京商の監督が同級生にあたるのだという。

１９６９年ドラフト７位での指名は「だから、縁故よ」と金山は笑う。ただ、プロから注目される素材だから、地元の社会人チームからも声が掛かっていた。

「西濃運輸と三協精機が来とったもんで、どっちかと思っとったら（中日から）『来い』って。そんなこと言ったって分かっとるがな、己の力。アホじゃない。でも、監督と中山さんが同級生だから、まあ、縁故だよね、今思えば。それで『行ってこい』って言うからさ」

ちなみに、そのドラフトでの〝いの一番〟として中日に1位指名されたのが、後に2千本安打を達成する早大・谷沢健一。近鉄1位が、その夏の甲子園で松山商業と延長再試合の大激闘を展開した青森・三沢高のエース、太田幸司だった。

遠征先で〝星野仙一の部屋子〟に

当時の中日には、一癖も二癖もある「猛者《もさ》ばっかりがおってさ」と金山は振り返る。

小川健太郎は、1967年に29勝。巨人・王貞治のタイミングを狂わそうと、ワインドアップからの背面投げを見せたこともある。かつての大毎（現千葉ロッテ）のエースで通算184勝の左腕・小野正一、史上初のセ・パ両リーグで首位打者に輝いた江藤慎一ら、球史にその名を刻んだ、そうそうたるスターたちが顔を揃えていた。

「ぼー、キャッチボールやろか」

声を掛けてきたのは、当時36歳の小川だった。「ぼー」とは「坊や」ということだろう。

「そしたら、ナックル投げられてさ」

指でボールを押し出すようにして投げる。スピンがかからないので、ボールに回転がつかない。だから、空気の動きや風の影響を受けて、ふらふらとボールが揺れる。

「そんなもん、捕れるわけないじゃん」

18歳のルーキーは、プロの洗礼とばかりに、先輩からおちょくられたというわけだ。

４年目の１９７３年に初の１軍昇格。さらに１９７４年、中日は巨人の10連覇を阻止、20年ぶりのセ・リーグ優勝を果たした。その頃から１軍に定着し始めると、遠征先の宿舎では、星野仙一と同部屋に割り当てられた。

当時は今のように、ホテルの個室が与えられるわけではない。旅館の一部屋に２〜３人という相部屋。金山はつまり、星野の部屋子となった。

「あの当時、東京に行くと、おっさんと正岡（真二・内野手）さんと俺じゃん。俺、なんでおっさんの時に、部屋子になったのか、それが分からんのよ」

気に入ったもの同士しか組み合わせないだろう。当時の金山の立場からすれば、選べる立場でもない。金山の２歳年上が正岡で、正岡は星野より３学年下になる。

つまり、最年長の星野が承諾しなければ、同部屋にはならないはずだ。

「だから、おっさんが指名したのか、会社が誰でもええから、一人空いとるで、ってポコッと入れたのか、それは分からん。それは俺、聞いてもないから謎なんだわ」

１９７７年には40試合、１９７８年には37試合で６本塁打。星野が投げる時には金山がマスクをかぶるようになった。

ところが、好事魔多しとはよく言ったものだ。

１９７９年、プロ10年目の金山に大アクシデントが襲いかかる。宮崎・串間キャンプで右肩鎖関節の脱臼、靭帯損傷の大怪我を負う。

「ここよ」とシャツをめくって見せてくれた右肩には、手術の痕がくっきり残っていた。

練習を終え部屋に戻ってきた星野は、無言のまま、机の上に置かれていたガラス製の灰皿を掴むと、金山を目がけて投げつけてきた。

寸前のところでかわした灰皿が、床の上で大きな音を立てた。

「お前、野球辞めろ。野球できんような体になって、もう、辞めろ」

星野の怒りが、真っすぐに、金山の心に突き刺さった。

「まあまあ試合出て、ホームラン、４、５本打ったんかな？　６本打ってる？　それであのおっさんが投げる時、俺がキャッチャーやったもんでな。せっかく１軍出て、これからという時に怪我したもんで、あの人、咄嗟に頭に血が上ったんだわ」

星野は、学年なら５つ下、年齢で４歳下の金山に、それだけ目をかけていたのだ。

金山の手のひらでたばこの火を消した星野

金山が教えてくれた先輩からの〝教訓〟は、令和の時代なら、パワー・ハラスメントそのものだった。部屋子になって、すぐのことだったという。

「おい、仙吉、たばこ」

星野にそう命じられ、金山はたばこの箱とライターを手渡した。星野が火をつけ、ふーっと一息、その紫煙を吐き出した時だった。

「手、出せ」

金山が差し出したその右手のひらに、星野は火のついたたばこの先を押しつけた。いくら先輩とはいえ、やっていいことと悪いことがある。辛抱の糸が、ぷつんと切れた。

「何するんだ」

タテ社会、先輩・後輩の序列には実にやかましかった当時の野球界では、先輩の暴挙に対しても、反攻的な態度はあり得なかった。

それでも、金山は黙っていられなかった。

「はい、すみません」

面倒くさそうに、星野が金山を睨みながら、その暴挙に対する「答え」を出した。

「灰皿がないだろ」

たばこを吸い終えると、再び星野が声を上げた。

「仙吉、ジュース」

こうなったら、意地の張り合いだ。

「この野郎、って思ってさ」

星野の前に、冷蔵庫から出したジュースとコップをどんと置いた。その瞬間、また星野の怒りのスイッチがオンになった。

「おい、氷が入ってないだろ」

理不尽で、単なる言いがかりとしかいえない感もあるが、星野の説教が始まった。

「このまま、冷えたのを飲むのだったらこれで飲む。でも、もっと冷たいやつが飲みたければ、氷がいるだろう。氷が入っていても、氷がいらんなと思ったら、氷を捨てて、ジュースだけついで、飲むだろ。氷がいらん人は捨てるし、もっと冷たいのを飲む人がおるかも分からんだろ」

人の心を読み、一歩も二歩も、その先を予測して行動しろ、というわけだ。

「ガキじゃねえんだ、お前。それくらい気を使え。ヨソの人に気を使え」

古めかしい呼び方を許してもらえるなら、兄弟分、あるいは親分、子分の関係とでも言おうか。そうやって、いつの間にか〝星野親分〟の教えが、金山の全身に沁み込んでいく。

「おい、行くぞ」

試合後、星野からそう声が掛かると、財布が飛んでくる。

食事に出かける際に、星野は金山に「カネ」を預けるのだ。金山は、会食中の空気や場の雰囲気を読み、そろそろ引き上げる頃だなと思えば、すっと気配を消し、すべての勘定を済ませておく。金山が、星野の財布から支払っておくのだ。

「帰るぞ、って言ったら、即出ないといかんのよ。それから金を払っとったら、もう怒るのよ。絶好のタイミングで、こうやって話してても、多分もう飽きてきただろうなと思ったら、パッと払っておいて、『おー、仙吉帰るぞ』って言ったら『はい、いきましょう』と」

その際、お客さんを残して帰ることもあるのだが、1万円の会計でも「残ったあの人たちが、後で飲んだ分として」と数千円余分に払っておくのも、星野流のお勘定なのだという。

その〝以心伝心〟の間柄ともいえる大事な相棒を、星野は常にそばに置いた。

星野からの指令「怪我はさせても故障はさせるな」

金山は、1985年に兼任コーチを務めた後、現役を引退する。

通算成績は317試合、打率・199、19本塁打、48打点。1986年からは2軍コーチ。

星野の第1次政権となる1987年からの5年間、金山は2軍コーチだった。

星野は39歳での監督就任直後、落合博満をロッテから獲得するため、当時25歳のストッパー・牛島和彦を含む4人との交換トレードを断行。牛島の代わりのクローザーには台湾出身の右腕・郭源治を抜擢した。

その郭は、1987年のリリーフ転向初年度から2年連続で最優秀救援投手のタイトルを獲得。1987年のドラフト1位・立浪和義を高卒1年目からショートのレギュラーに起用すると、立浪はその年の新人王に輝いている。

優勝した1982年のセ・リーグMVPで、正捕手に君臨してきた中尾孝義を1988年に外野へ転向させた上、そのオフには巨人のエース・西本聖と交換トレード。その西本は移籍初年度の１９８９年に20勝。中尾が抜けた後は、１９８４年ドラフト１位入団の中村武志を正捕手に育て上げた。

その的確な選手起用と聖域不在のドラスティックなチーム改革で、第１次政権時の５年間で、１９８８年の優勝を含めＡクラスが４度。退任する１９９１年も２位だった。

その退任時から、星野はどうも、その〝先〟を睨んでいた節がある。

就任直後の１９８６年の２位が後の本塁打王・山﨑武司（愛工大名電）。１９８７年の１位は立浪和義（ＰＬ学園）、１９８８年１位は後の沢村賞左腕・今中慎二（大阪桐蔭）、同２位が１９９４年の２冠王・大豊泰昭（名古屋商科大）だった。

続く１９８９年１位は、ルーキーイヤーに最優秀救援投手賞＆新人王の活躍を見せた右腕で、後に中日監督も務める与田剛（ＮＴＴ東京）、同２位が中日一筋20年の外野手・井上一樹（鹿児島商業）、５位は東邦高のエースとしてセンバツを制した左腕・山田喜久夫、６位がその東邦に決勝で敗れた大阪・上宮高の内野手・種田仁だった。

星野の監督時代のドラフトでは、後に中日の主力選手へと成長していく逸材たちを、抜け目なく獲得していた。

その〝星野チルドレンたち〟が、ちょうど脂の乗ってくる20代後半にさしかかったところで、２度目の監督として中日に戻ってきている。

いい選手を獲って、育てていく。

強い『星野中日』を作るという長期ビジョンに、星野自身の未来図も織り込んであるのだ。

１９９５年から、星野は２度目の監督に就任する予定だった。

監督３年目の高木守道は、１９９２年が最下位、１９９３年は２位。勝負の１９９４年も開幕から巨人が首位を快走。６・５差の３位だった８月31日に、高木は早々と球団サイドから「今季限り」を通達されており、星野の次期監督就任は半ば、既定路線でもあった。

ところが、ここから高木中日が猛然と追い上げを見せる。

９月18日から９連勝をマークするのだが、その連勝が「７」となった９月28日、１２５試合目にして、巨人と首位タイで並ぶ。そして10月８日、ともに１３０試合目の最終戦で勝った方が優勝という、巨人との「10・８決戦」にまで持ち込んだ。

球史に残る、伝説の試合の２日前のことだった。

すでに水面下で、１９９５年からの監督復帰の要請を受けていた星野だが「巨人戦の結果にかかわらず、来年自分がドラゴンズの監督をやることはない」と表明。実に異例の〝就任否定会見〟まで行っている。

中日は巨人との大一番に敗れ、まさしくあと一歩のところで優勝を逃したが、高木続投論が盛り上がり、一度は辞意を表明していた高木も翻意することになる。

ただ、金山には１９９４年の途中で、星野からひそかに〝お達し〟が出ていた。

「選手に怪我はさせても、故障はさせるな」

その星野の言葉を意訳すれば、こういうことだろう。

少々、激しい練習をさせておいてもいい。俺が来るまでにネジは巻いておけ。ただ、どこかを痛めて、休まざるを得ないところにまで追い込むな。

１９９５年、高木の下で１軍コーチを務めた金山に、その含みを持たせていたのだ。

「それ、めちゃめちゃ難しいよ。でももう、自分が完璧に（監督を）やるつもりでおったんじゃん。自分がやる時に故障しとったら、その選手はもう計算できん。怪我だったらまあ、かさぶたを取っちゃえば、なんてことないでしょ。なるほどな、と思ったよ」

星野の〝ビジョン〟では、１年遅れだったのかもしれない。

それでも「燃える男」は、２度目の監督として再び、グラウンドへ帰ってきた。

「俺についてくれ、じゃないよ。『つけ』だから。打診なんか、あるわけないじゃん。何を言っとるのよ。『やれ』だから。そう、『やれ』」

金山はユニホームを脱ぎ、星野の監督付広報として、常に行動をともにすることになった。

星野仙一の取扱説明書

監督には「交際費」として、年俸以外に球団から〝使えるお金〟が渡される。

金山は、これに加えて「おっさんのカネも持っとったんだわ」。

つまり、星野のスポンサーや、いわゆるタニマチから引っ張ってくる〝星野マネー〟も含めてだから、まさしく金庫番の役割も果たしていた。

「芝居してるな、というのもだいたい、分かる時があるのよ。その辺が分かっとってもそういう風に感じないんじゃないの、相手がね。もう、しゃあないな、星野のためなら、まあ、出そうか、という気になるんじゃないの？　あれはね、天性だと思うよ。〝つくり〟だったら、やっぱり1回、2回はカネをもらったとしても、それを何回も何回もやられたら『こいつは、また芝居しやがって』って思われるかも分からんけどね。だからうまい、じゃなくて、天性だね。納得させるって言ったら変かな。なんだろうね。『よし、やったろか』という気になるんじゃないの、相手がね」

中日には、岐阜、豊橋、浜松といった名古屋近郊、中日新聞の販売エリアでのホームゲームが、ほぼ毎年のように開催される。試合前日には、地域の販売店などが結成した後援会による激励会が行われることがある。

星野は、こうした場に嫌な顔一つせず、主力選手を連れて顔を出した。東海地方の財界人たちとの付き合いも、決して欠かさなかった。こうやって〝地域のボス格〟の人たちが星野のシンパになり、激励や陣中見舞いが、星野の〝原資〟になっていく。

金山は星野の命を受け、事あるごとに、球団スタッフたちに声を掛けた。

「おっさんの使えるカネ、会社のカネを、裏方さんによく使ってやったんだわ。『お前ら、疲れとるんやから、これでメシでも食ってこい。領収書持ってこい』って」

その気前の良さは、時代を超えても、上司の貫禄と懐の深さに繋がってくる。ここをケチると、いい評判が立たない。だから、星野はこういうところを惜しまない。

現場スタッフの誕生日には「監督から」と金山からネクタイが届けられ、選手の奥さんの誕生日には星野の名で選手宅へ花が贈られ、地方遠征ではカニやメロンといった地域の特産物が裏方さんの自宅へと送られる。

それらの手配はすべて、金山が一手に担っていた。

こうした星野流の〝気配りプレゼント〟は、阪神監督時代にも継続された。ちなみに阪神で〝金山の役目〟を務めたのは、星野の後輩、明大出身の平田勝男（現阪神1軍ヘッドコーチ）で、星野の監督就任直後には平田から金山に連絡が入ったという。

「全部、教えてください」

プレゼント以外にも、星野の〝こだわり〟は細部に及んでいた。

試合中、星野の座る位置には、高反発マットでできた大きな座布団を敷き、背もたれとして、白いバスタオル。ビジターの球場別に、監督が使うロッカーの位置など、すべてを平田に伝えたという。

星野監督用のベンチ・セッティング

「まあ、星野仙一・取扱説明書よ」

金山は、そう言って大笑いするが、これを解説できるのは金山しかいない。

〝生きたカネ〟を惜しみなく使う

沖縄・北谷キャンプでは、練習休日に選手、裏方、時には番記者もゴルフに行くケースがある。そんなとき、星野がすべてプレー代を持つのだという。

そこで金山は、休日前になると、コーチ陣や裏方に、休日にゴルフをするかどうかを聞いて回る。例えば5組のパーティーができるとなると、一番最初の組に星野を入れる。星野が上がってくるタイミングで、金山はクラブハウスで待っている。全員のカードを預かって、食事や風呂に入っている間、その精算をすべて終わらせておくのだ。

番記者とは、キャンプや遠征先で「食事会」が行われる。こうしたグラウンド外での話こそが、絶好のネタになる。だから、何があっても、番記者はこれに参加する。

その際、金山はまず、その店に前乗りして、食事をする。

値段や味を確認した上で「また何日に、何人で来るから、予算はこれくらいで」。抜かりなく、星野が振る舞えるように、金山がすべての段取りを整えるのだ。

慰労のため、コーチ陣と裏方全員をハワイへ招待したこともある。5泊7日、ゴルフ三昧のバカンスだった。

「『オイ、仙吉、行くぞ。コーチ呼べ。あと、裏方は適当にお前が呼べ』って。でも、こいつを連れていって、こっちは連れていかんとなったら、なんで、ってなるじゃん。だからあの時、全部連れていったんかな。そしたら費用が出るじゃん。『えー』って」

さすがに、星野も目を剥くような総額だったという。それでも全部払う。ゴルフのプレー代も、何もかも、星野が持つ。

その〝生きたカネ〟を、惜しみなく、チームのために星野は使った。

政治の世界で、帳簿に出ない「裏金」の問題が噴出しているが、こそこそ隠すかのようにして使途もはっきりしないから、世間は首をひねり、不信感が募るのだろう。

金山は、その〝星野のカネ〟の一切を任されていた。

年間総額、数千万だったという。試合で大活躍した選手たちへの金一封も「仙吉、カネ持ってこい」「いくらですか」「１本や」。

ご想像ください。まあまあ、分厚い束です。

ついでながら、金山から聞いたお話をここに付け加えておきます。

「あとで聞いたら、おっさんよりも球団の交際費、使っとった監督がおったらしいのよ」

これも、ご想像ください。


出納帳もつけていた〝星野の金庫番〟

それだけのカネを動かす星野もすごいが、それを任された金山への信頼度も、これまたすごいと言わざるを得ない。

「おい、仙吉、カネ、どうなっとるんだ」

　ある時、星野からそんな〝査察〟が入ったという。金山は、そうしたカネの出入りについて、きちんと出納帳《すいとうちょう》をつけていた。

　星野の個人的なカネ、球団からの交際費。その流れのすべてを金山は記録していたのだ。

「俺、全部つけてたんよ。だから『ちょっと待ってください』って言って、カバンから出納帳っていうの？　それ出して、パッと広げたんよ」

　星野は、そのページすら見ようとしなかったという。

「分かった、もうええ」

　それっきり、星野は金山にカネのことを問わなかったという。

「１万、２万、いや、10万抜いたって分からんわ。でも、やるんだったら１千万、２千万。それで文句言われるんだったらいいけどな」

　そう笑いながら、金山は続けた。

「あ、こいつは１円も抜いてないな、と思ったんじゃない？」

　だから、星野は金山を信頼したのだ。

　名古屋での試合前、金山はまず、自分の車で星野宅へ向かう。そこで、星野の愛車を玄関に横付けし、空いた駐車場には自分の車を入れる。

わざわざ星野の車を運転して、星野を乗せていくのだ。

面倒くさいルーティンでもある。だから金山は星野に「運転手を雇ってください」と頼んだことがある。星野は「ダメだ」の一点張りだったという。

「普段の顔を人前にさらけ出すのがイヤなんよ。運転手がいるとするじゃん。そうすると『星野がこんな顔しとった』とか、車の中で疲れてて『こうやって寝とった』とか、どこからか出てくるかもしれんじゃん」

〝通常モードの星野仙一〟を、見せたくない。だから新幹線の車内でも、飛行機の機中でも星野は絶対、居眠りすらしないのだという。

「それこそ『星野が口を開けて寝とった』とか言われるじゃん」

その横で、金山は平気で寝ているのだという。

「お前、この野郎、すぐ寝やがって。遊び過ぎじゃ」

必ず、金山に向かってイヤミを言うのだが、星野にとっては、そんなたわいもない会話こそが、ストレス発散の一端だったのかもしれない。

星野仙一の組織作りと「鉄拳制裁」

ここから先、星野の「鉄拳制裁」について、話が広がっていく。

選手を殴る、時には蹴る。

昭和のプロ野球、いや野球界全体に、そうした話は付き物だった。

気合を入れるといって、部室の掃除ができていないといって先輩が後輩を殴り、サインを見落とした、エラーをしたといって、試合中のベンチ裏で監督が、コーチが選手を殴りつける。

野球界の上下関係とは〝そういうもの〟というのが、半ば常識化していた。星野仙一の〝熱さ〟も、その「愛のムチ」と結びついていたところがあった。

そうした怒りを前面に出すのが、星野のスタイルだった。それが、選手を思う情熱の裏返しだと、好意的に捉える向きすらあったのも、昭和のプロ野球であった。

しかし、裏を返せば「暴力」である。

平成から令和へ。時代とともに、その理不尽さは許されなくなった。教育的指導、愛情の証という名のオブラートに包んだところで、人を殴るという行為自体が許されない。

上下関係でいえば、その「下」の者を、暴力で服従させるという図式だ。それが令和の時代には「パワー・ハラスメント」と定義される。

金山も、何度も星野に殴られている。選手が殴られるのも、何度となく見ている。

「昔は、まあまあ、ＯＫじゃん、ね」

その「殴られたこと」を、恨みに思うどころか、それが星野のチームマネジメントの中でどこかしら〝演出〟として、やられていた向きがある。

それを金山は、あらゆるエピソードを挙げながら私に語ってくれた。

スコアラーとして、また打撃コーチ補佐として星野を支えた片貝義明も、星野が鉄拳を振るった後に、必ずフォローを入れ、殴りっぱなしではなかったことを強調した。

それでも「今では、通用しないですよ。今の人たちにはね、ゼロですよ」と片貝も繰り返し強調する。第２章でも詳述したが、企業の管理職として働く片貝の立場では、いくら愛情があったとしても「殴る」という手段は、絶対に取ってはいけないのだ。そういう時代になったことを、片貝のようなビジネスパーソンは、肌感覚で分かっている。

だから、私もはっきりと記しておく。

星野の「鉄拳」を容認し、あの時代のように、厳しさがないとダメだという、懐古主義的な論調で取り上げるのではない。

どちらかといえば「殴る」という野蛮とも映る行動の裏では、きめ細かいフォローと、選手たちの行動や自主性を促すための手練手管を繰り出していた。

そうした星野の〝組織論〟の一端を描いていくために、その当時には〝そういうこと〟があった、という形で紹介していくことにする。

殴るのも〝計算〟のうち

金山も、何度となく星野の鉄拳を食らった。ただそこには、星野流の計算が常にある。

ある日の沖縄・北谷キャンプ中のことだった。

どこかしら、練習にだらっとした空気が流れていた。金山が何気なく、星野に話しかけた瞬間だったという。

「やかましいわ、お前は。黙っとけ」

その瞬間、金山の表現を借りれば「ぼこぼこぼこーっと」星野の拳が飛んできた。

令和の時代なら、もう、これだけでパワハラ認定だ。スポーツ紙のカメラマンがその瞬間でも押さえていれば、星野仙一であろうとも、言い訳が効かなかっただろう。

それは余談。

金山が殴られた。それはイコール、星野が怒っているということだ。

瞬く間に、スタッフや選手たちにその情報が伝わると、グラウンドどころか、別の場所にいたスタッフや選手にまで、緊張感が走った。

空気が、ピリッと引き締まった。

そして選手やコーチが、こっそりと、次々に金山のもとへ謝りに来たのだという。

「お前ら、俺が殴られる前に最初からちゃんとやれや、って文句言ったわ」

星野が怒りを表すために、金山が身代わりになったというわけだ。

「血、出してさ。馬鹿野郎、って思いつつさ、ペッてつばでも吐いたらまた殴られるからさ。でもね、俺、思うのよ。あのおっさんの殴るタイミングって、めちゃくちゃうまいのよ。例えばさ、後輩がたばこを吸っとるとするじゃん。で、年上の俺が吸ってない。普通なら、たばこを吸ってるのを見て、おっさんが『お前、何、たばこ吸うとるんや』って、吸ってる方を殴るじゃん。でも、俺を殴るわけじゃん。『仙吉、お前何やらせとるんや』って、ぼこぼこぼこ。そうすると『俺のために先輩が殴られた』って思うでしょ。そういうのを、計算しとるんだろうね。すごいと思うよ。ドラマみたいにさ、こういう局面ならこっちじゃなくてこっちを殴るなんて、そんなのできないよね。咄嗟に『お前がどうのこうの』って、シュッ、パッ、と。ホント、天性だよね」

怒りの星野が試合後、審判を追いかけていったことがある。

試合中は代打陣がバットを振って待機するベンチ裏のミラールームで言い合いになり、星野は今にも殴りかからんばかりに、拳を握って振り上げようとしていたという。

「監督、いかんって」

金山が止めに入ると「邪魔するな」と、その拳が金山に飛んできた。

それが、事の落としどころになる。

振り上げた拳を下ろすタイミング。審判を殴ってしまったら、それこそ大問題になる。星野が怒っている。その怒鳴り声や喧騒が周囲に伝わればそれでいい。それが監督のパフォーマンスとして、大事なこともある。

「たまには、芝居やっとるな、って分かる時があるけど、やっぱりドラゴンズ愛がすごいね。大好きなんだ。だからそれも、ファンが、あー、星野はドラゴンズが好きだ、愛しとる。そういう言動があるからね。落合さんみたいに、勝てばいいでしょ、ではないんだ」

プラスチックのコップを投げつけ「割れねえじゃねえか」

現役時代のナゴヤ球場。ベンチには、お茶を飲むための湯飲みが置かれていた。打たれて、ベンチに戻ってくる。すると星野は、決まってその湯飲みを床にたたきつけた。ガシャーン。怒りが、そのけたたましい音にこもっている。

ただ、試合ごとに湯飲みを割られては、球団だってたまったもんじゃない。湯飲みがいつしか、プラスチックのコップに切り替わっていた。

打たれて、ベンチに戻ってくる。

星野は、いつものように、コップを床にたたきつけた。

カンカラ、カーン。コロコロ、コロッ。

「馬鹿野郎、割れねえじゃねえか」

そして金山は、ちゃんと見ていた。

「左手で持つんだよな。昔の人は、そういうところ考えているじゃん」

片貝も、湯飲みをぶん投げた後、ロッカーに帰ってきた星野に声を掛けたという。

「お疲れさんでした、って行くじゃないですか。そうしたら『打たれたの、スライダーだったな。もうちょっと甘くなかったら、打たれなかったんだけどな』って、平気で言うんですよ。何秒も経ってないんですよ。だから、ポーズの面だってあるんですよ。それだけ頭の中が、冷静なんですよ。監督としてもそうだったし、選手としてもね」

そういう演出が、自分自身でできる人だった。

その前面に出す闘志が、名古屋の人たちにも受け入れられ、楽しむ向きもあった。

星野は「燃える男」として、その名の通りに動いたのだ。

グラウンド内は島野、グラウンド外は金山

星野と言えば、もう一人、なくてはならない男がいる。

金山がグラウンド外でのパートナーなら、島野育夫はグラウンドで、もはや星野と一心同体、不可欠な存在だった。

星野の盟友・田淵幸一は、かつてダイエー（現ソフトバンク）監督に就任した際、星野に「シマちゃん（島野のこと）を貸してくれ」とお願いしたのだという。

星野の、その親友からの頼みに対する〝断り文句〟は、島野への信頼度にあふれていた。

「お前、俺を殺す気か」

金山が見ていても、星野がたまに、とんでもないサインを出す時がある。

「そんな腐ったサインを出す時は、頭に血が上っとる時だわ」

えっ、と思うのだが、そんな時、星野の指示をベンチから三塁コーチャーに伝える参謀の島野は、知らんぷりをしているのだ。

「なんで、お前、サイン出さへんのや」

吠える星野に、島野は「すみません、俺のミスです」と決まって謝るのだという。

ふがいないプレーや、雰囲気がだらけているとみるや、星野の怒りが頂点に達してしまう前に、島野が選手を呼び出し、代わりに怒鳴り上げ、時には殴ることもあった。

その絶妙の呼吸には、金山も何度も感心させられた。

「俺が見んでも、ヘッドに任せときゃええんや」

星野は常にこう言って、島野への全幅の信頼感を表していたという。

島野が選手に説教したり、手を上げたりした時には、必ず星野へ報告があった。

「監督、昨日、ちょっとあいつを怒ったんです」

「分かった、じゃあ、きょうは5番に入れておけ」

スタメンに入れて、奮起を促すという〝アメとムチ〟の匙加減も絶妙だった。

一方、ファームから1軍へ上がってきたばかりの若手が、試合に出てミスをしても、星野は一切、何も言わない。

静かな星野を片貝は不思議に思い、その理由を聞いたことがある。

「お前な、力のないやつを怒ったら、めげるだけだよ。ファームのやつが上がってきて一生懸命やってて、それで『こらっ、お前』って言ったら、二度と上がってこれなくなる。だから、お前らも怒っちゃダメだぞ」

そう言いながら、ヒットが打てない4番打者には「落合！」と名指しで怒鳴り上げる。

「あいつはええんだわ。自分に力があるから、そんなもん聞いてねえ。自分でちゃんと立ち直ってくるから、ええんだわ」

コーチ補佐として、スコアラーとして星野を支えた片貝も、そういう星野の人心掌握術は、矢場とんの人事部長として働く今のビジネス界でも通用するという。

「勉強になったよ。怒ったら必ずチャンスをあげる、とかね」

話し合いは「奇数でやれ」

宿舎での食事会場は、選手と首脳陣を完全に分けた。

「一緒だったら、気が休まらんだろ。分かれて食え」

選手と話し合う際には「奇数でやれ」というのも、星野の指示だった。

「要するに、１対１では絶対に言うなと。奇数だったら、ちゃんと仲裁役が入るから、必ず奇数でやれ。その代わり、飲んだり食べたりする中で絶対にやるな。ちゃんと部屋に呼んで、奇数で話し合え」

片貝は、そうしたコミュニケーション術も、星野から教わった。

キャンプの荷物分けの際、星野のトランクには帝王学や経済学、自己啓発などの分厚い単行本が10冊近く、詰められていたのに片貝は気づいた。

「こんなに読むんですか？」

「お前なあ、当たり前じゃないか」

そうやって、ビジネスの世界の論理も持ち込んだ上で組織をマネジメントしながら、一方では「監督・星野仙一」として、喜怒哀楽を前面に出していく。

そうやってファンを喜ばせ、報道陣もスタッフも選手もすべて味方に巻き込んでいく。

１９８２年、リーグ優勝を果たした場所は横浜だった。星野は金山にタクシーを６台呼ばせ、星野一派は分乗して東京・六本木へ向かった。

タクシーが到着した際、金山が運転手に１万円を渡し、行き先を告げておく。後輩たちはもう、乗ればいいだけの態勢を整えておくのだ。

「行くぞ、って。六本木でどんちゃん騒ぎしたのかな。帰ってきた記憶はあるんだわ。支払いはおっさんがやったんじゃないかな？　あのおっさんが偉いのは、酒も飲まんのにクラブとかよく顔出しに行くんよ。そういう〝繋ぎ〟はやるよ、ちゃんとね」

ただ、その〝星野の渦〟に巻き込まれていくことを「是」としないタイプもいる。

星野が初めて監督に就任した直後の１９８６年オフ、現役引退した谷沢健一は、金山より年齢は４つ上だが、ドラフト指名では同期になる。

「谷沢さんは、みんなで騒いだりするのはあんまり……。あの人は少数で行くタイプ。おっさんはバーッとやって、飲めや、食えや、でしょ。おっさんと違うわね、タイプ的に」

高木守道とも「あんまり、仲良くなかったのよね」と金山は明かす。

「物静かだけど、プレーには闘志が出ているタイプ。おっさんは顔に出して、態度にも出してやるけど、守道さんは冷静。１８０度違うわね、タイプ的に」

だから、スターの２人は交わらない。なのに「ランナーセカンドのけん制とか、阿吽の呼吸。サインは出てないんだけど、うまいこと合うんだよね。俺から見たら、２人とも大人。仕事上は仲間。プライベートでは普通にはしゃべるけど、絶対メシも一緒に食わないし、一緒に出ていったところも見たことがない」

現役時代、星野の部屋の隣が、高木のケースが多かったという。

その高木から金山に「おーい、仙吉、差し入れがあるで、ちょっと来いよ」とおすそ分けをしてくれることがあった。

「守道さんに、これもらってきました」

星野に報告すると「こんなもん、持ってくるな、お前は」と怒鳴られた。

「俺、もう、どうすりゃいいのよ。部屋に置かんと、入り口のところにパッと置いてさ」

しっぽを振らない人には攻撃する

俺の一派か、そうじゃないのか。

「あの人は、自分にしっぽを振らない人には、攻撃するところがあったよね。それがなかったら、もうちょっと、大きい人やと思うよ」

そう称したのは、田尾安志だった。

１９７５年、中日のドラフト１位指名を受け、京都・同志社大からプロ入り。１９８１年から４年連続で打率３割超、１９８２年から３年連続でセ・リーグ最多安打をマークした左打者は、１９８５年のキャンプイン直前に、左腕・杉本正、捕手・大石友好との交換トレードで、西武へ移籍することになる。

田尾はある時、名古屋の知人から「田尾君と付き合うな、と星野君から言われたんだけど、何かあったの？」と聞かれたことがあったという。

田尾は、そうした含みが全くない人だ。だからそれを聞いて、即座に星野の家に行き、真意を確かめた。

田尾安志氏

「俺、なんか星野さんに失礼なことしましたか？」
ど直球の質問に、星野も戸惑いを隠せなかったのか「最初、なんだかんだ、ちょこちょこと、違うことを言ってたな」と田尾は笑いながら振り返る。
「結局、谷沢さんと俺がよく、メシを食いに行ったりするのがイヤやったみたい。もっと自分にしっぽ振れ、っていう感じやったもん。俺はあんまり、そういう派閥がどうこうとか気にしたことないんで、ああ、そういう風に見たんだ、と」
田尾や谷沢のように「群れない」タイプの人たちを避けるのは、自分にないものを持っていることを、本能的に感じているからだろう。

ただ、そこに直接の因果関係はないだろうが、谷沢も田尾も、中日を出てからはあれだけの実績や人気があり、そして理論派と言われながら、中日に指導者として戻っていない。星野時代にトレードされた大島康徳や平野謙も、一家言の持ち主だったという。つまりは自分と折り合いが悪かった選手を出していると、周囲には受け取られる。

徒党を組みたがる。自分の〝派〟に入れというわけだ。

しかし、入りたくない人だっている。田尾や谷沢のように、そういう群れを嫌がるタイプの人がいる。そういうタイプの人たちはむしろ、星野のような群れるタイプの人を、そういうものだと受け取り、気にしていないことが多いのだ。

「だから、そうやって見ると、立浪にしたって〝名古屋の輪〟でしょ。それがちっちゃい輪だと思うんだけどね、俺は。どうしても、そういうところにしか頭がいかないのかな、と思うね。次期監督（候補）と言われる、山本（昌）、山﨑（武司）も、ちょっと似たところがあるからね。あの辺、みんな名古屋っぽい」

この鋭すぎるほどの舌鋒が田尾の魅力であり、またそれが、名古屋という内向きの風土でうまくフィットしなかった部分でもある。このことは、章を改めて詳述する。

ただ、この田尾の指摘には面白いものがある。

星野、立浪、山本は、いずれも他の地方出身ながら、中日一筋で現役を終えた。

山﨑は名古屋で育ち、名古屋の高校を出て、中日でプレーし、他球団も経験しながら最後は中日へ戻ってきた。その〝忠誠心〟のようなものが、必要なのかもしれない。

それを知りながら、それこそが名古屋という風土の甘さであり、それを排除しようとした落合博満は誰よりも勝ち続け、連覇も果たしながら、監督の座を追われることになった。

そのやり方は、星野仙一とは恐らく、対極のところにあるだろう。

その功罪と比較論も、章を改めることにする。

「お前は名古屋に残れ」

星野は、2001年に中日監督を退任。すると、野村克也の夫人が脱税問題で逮捕されたのを受け、野村が監督を辞任した阪神から、就任要請を受けることになる。

監督を辞めた直後に、同一リーグのライバル球団の監督になる。

その時、名古屋では「星野を貸してやる」という論調だったという。

「俺、どうするべきですか？」

金山は、星野についていくつもりだった。

「来い、って言われにゃ、行けへんし」

その星野は、金山の〝忠心〟にストップを掛けた。

「お前は名古屋で生まれて、名古屋で育ったんだから、中日に残れ」

中日2軍監督への就任が決まっていた島野だけは阪神へ連れていった。ただ、島野は阪神でプレーしていた経験がある、いわば阪神ＯＢでもある。

金山まで連れていくと、それこそ星野一派を引き連れて、の形になる。

阪神ファンの心境、さらには見え方。そして金山の今後も踏まえて、星野はきっと後ろ髪をひかれる思いでありながら、金山は残したようなのだ。

そこまで、突き詰めて話したことはないという。もう鬼籍に入った星野に、その真意を聞くことはできない。

ただ、金山はこう解釈している。

「阪神の監督を終わってシニアディレクターになったでしょ？　あれ、なれると思ってなかったんじゃないの？（阪神監督就任時に）俺を連れていったとして、辞めた時に俺の行くところがないだろうと。そこまで考えてるのかなと思ったんよ。だから『名古屋に残れ』って言ったんでしょ。シニアディレクターになるのが分かっていたら、ひょっとしたら『来い』

って言うとったかも分からん。そのポジション、なかったでしょ、監督になった時は？」

金山は、星野の後に就任した山田久志の「監督付広報」の役割も担わされたが、球団側には、こう言ったという。

「やりません。星野、長嶋（茂雄）さんだったら監督付はいるけど。だから、一切何もしません。名前だけ付けとくなら、付けといて構いませんけど、何もしませんから」

星野の時には、宿舎を午後2時出発なら、1時半に部屋に行き、ユニホームなどを揃えた上で「これ、着といてくださいよ」。

着替えが終わったタイミングで、出発予定10分前に再び星野の部屋へ行き、部屋のキーを持ち、部屋を一緒に出て、バスに乗り込む。

山田の時は、2時にロビーで待つだけだった。

「今、監督付（の広報）って、どこでもつけとるの？」

つけてます、と答えると、金山は首をひねった。

「シーズン中なんか、いらんでしょ。何もないんだから。勘違いするんだ」

星野仙一だから、自分がいなきゃいけない。その使命感と誇りが、金山にある。

「星野のにおいがついとるの、（落合は）大嫌いだからね。間違いなく、１００％じゃなくて、

500%。で、クビになった」

落合博満の監督2年目に、金山は46年務めた中日を退団した。

おっさんのお陰で今がある

「今あるのは、おっさんのお陰。中日におったのもおっさんのお陰だと思っているしね。ホント、あのおっさんのお陰で、会えん人と会ったりできとったからね。食べるもんまで一緒に食べさせてもらっとった。そういう面で今思えば、いろいろ勉強になったな」

長嶋茂雄とも、奇縁が繋がっていた。引退試合の最終打席。マスクをかぶっていたのは金山だった。星野の傍らにいつもいる金山を、長嶋は気に入っていたそうだ。だから、巨人の番記者たちが金山のもとへやってくることも、たびたびだった。

「金山さん、監督が機嫌悪いので、行ってください」

ミスターの虫の居所が悪く、番記者が対処に困っていても、金山が行くと、あの甲高い声で「おー、金山」。途端に笑顔が戻るのだという。

大胆にも、巨人の帽子をおねだりしたことがあった。

「新品はいらないです。それをください」

昔のキャップには、頭頂部になぜか、ボタンのようなポッチがついていた。長嶋の帽子には、そのポッチの裏地部分のところに「３」と刺繍が入っていた。

おしゃれな長嶋は、髪型をセットするために、ポマードも使っていた。

「その匂いが残ってるのよ。それがいいのよ」

ユニホームも、自宅にまで送ってくれた。

「監督、そのサングラスも恰好いいですね」

「ん、知らないのか」

サングラスメーカーのオークリー製。まだ今の時代のように、スポーツサングラスがメジャーになる前だった。さすがはミスター。流行の最先端、いや、その先を行っていたのだ。

「センちゃんも、持ってないのか？」

こうなると、長嶋の動きはせわしなくなる。関係者を呼び「金山に紹介してやれ」。

最新の度付きサングラスは、星野用と金山用が準備されたのだという。

憧れの人とも会えた。

そして中日を退団後も、星野人脈のお陰で、次の就職先にたどり着いた。

御朱印を刷る第二の人生

大須商店街の中にある「萬松寺」は、織田信長の父・信秀の葬儀が行われた由緒ある寺でもある。ここに引っ張られたのも、知り合いが紹介してくれたからだ。

金山はここに通って、御朱印を刷っている。

500枚、3日でお願いしますと言われると、金山は2日間何もせず、最後の1日ですべてを、一気にこなしてしまう。

金山仙吉氏の手による御朱印（萬松寺）

「ずっとやってないと、仙吉さん、大丈夫？　って。前もってやるから、黙っといてくださいよと。やり始めたら、全然やめない。目標があってやってる。すべておいらの気持ち次第、やる気次第。でも仕事はちゃんとやる。ちゃんとしたものを作る。これもおっさんの教えかも分からんね」

萬松寺に行って、私も御朱印を購入した。その画像を、金山にLINEで送った。

「俺の刷ったやつじゃん」

御朱印は数種類ある。どれか一つ、と迷っている人に「全部、買えば？・」と勧めるのも金山のセールステクニックだ。

「悩んどったらさ、聞くんよ。『どれとどれ、悩んでるんですか』って。これとこれ、って言うとするとさ、『悩むな、あとで後悔するから。買って後悔しませんよ』って」

そうすると、迷っていた複数の御朱印を、すべて買ってくれるのだという。

「あとで後悔するより、二つ買っても、なんなら全部買っても、とか言ったら『全種類お願いします』って。嫌いじゃないからさ、喋るの。でも、嘘八百まではいかんけど、悪いこと言ったかな、全部売っちまったな……って」

大胆、そして即断即決。やるときはやる。それも星野流でもある。

最後に「ブルー」を着てほしかった

その金山が、一度だけ、星野を「置き忘れた」ことがある。

監督時代のオフ。ゴルフのお誘いのはしごで、三重から岡山に向かう途中だった。

金山はトイレに寄りたくなり、あるサービスエリアに入った。

星野は待たせたままだ。だから用を足すと、急いで車に戻った。

「すみません」

アクセルを踏む。高速に戻って、快走を始めた時だった。

背後に、人の気配がない。その時、携帯電話が鳴った。

「ばんばんばんばん、鳴っとるんよ。電話くらい出ろよと思って、後ろをさっと見たらおらんのよ。うそやろ、って思って……」

後部座席に残されていたのは、星野の電話だった。

電話に出ると、星野の妻・扶沙子さんだった。

「金山さん、主人が元の位置に戻れ、って言ってますよ」

呆然自失のまま、最初のインターチェンジで高速を降り、慌ててUターンした。

「どうしようかな、どうしようかなと。絶対殴られると思った」

星野の両手には、ぬるくなった缶コーヒーが２本、握られていた。

金山がトイレに行ったあと、疲れているだろうと、星野がコーヒーを買いに行っている間に、金山は車を出発させてしまっていたのだ。

と、ここまで細部にわたって再現できるのも、星野が事あるごとに、金山を紹介する時に、このエピソードを嬉しそうに披露するからなのだという。

「こいつがよ、俺をサービスエリアに置いていきやがったんだ」

星野との思い出を語る金山は、本当に楽しそうだ。

「お客さんにしたら、結構面倒くさいお客さんだと思うよ。ここはこうじゃないだろとか、あそこはこう言っただろ、とかね」

殴られもした。怒鳴られるのもしょっちゅうだ。そんな星野からのあらゆる注文、無理難題を、金山はこなしてきた。

「でもさ、こなしている、こなしてないは、自分では分からないからな」

そう言って、金山は天井の方を指さした。

「この辺に聞いてくださいよ。ちゃんとやってたかって。『おー』って言うかも分からんし、『馬鹿野郎』って言うかも分からんし」

答えはきっと『馬鹿野郎』だ。でも、その顔は笑っているはずだ。

中日を離れた星野とも、金山はよく連絡を取り合っていた。

「おっさん、最後にはブルーの色着て、死んで」

金山は、何度も星野にそう訴えた。

『その時』は何があっても、もう一度、馳せ参ずるつもりだった。

それだけが、心残りだ。

第4章　名古屋の流儀

取材場所に指定された名古屋市内のホテルに向かう、その道中でのことだった。

名古屋市営地下鉄・東山線で、名古屋から2駅目となる栄駅を降りた。

2年間、ドラ番を務めた際には名古屋で暮らしていたから、栄にある建物の位置関係はある程度だが頭には入っている。地図アプリの案内があれば、まず迷うことはない。

しかし、東改札口を出た時の〝発見〟は、これが初めてだった。

あれっ、こんなところに？

これから会おうとしている田尾安志の穏やかな表情が、私の目に飛び込んできた。

宝石や貴金属、時計、ブランド品などの買い入れ、販売を行う「堀田商事」は名古屋市に本社を置く地元企業だが、そのＣＭキャラクターに田尾が起用されているのだ。

私が遭遇した田尾の〝顔入り看板〟は、その「栄地下店」の入り口横に、まるでお客さんを出迎えるかのように設置されていた。

最盛期に放出された「中日・田尾」

田尾は、中日から西武へトレードされた１９８５年以降、現役でも指導者としても、中日のユニホームは着ていない。

　しかし、昭和から平成、令和へと時代は移り、それだけの長い時を経てもなお「中日・田尾」という〝ブランド〟は、名古屋で通用するのだ。

「ずっとCMに使ってくれているしね。家族でも長いお付き合いになって、すごく感じのいいご家族なんですよ。元々、選手時代から付き合いをさせてもらっている人たちも名古屋にたくさんいるからね。そういう意味では、何十年も前に一応離れた土地なんだけど、意外と今も馴染みがあるんだよね」

　１９８５年１月24日。

「合同自主トレ」という、矛盾した単語を二つ並べた名前の全体練習が、キャンプイン直前の１月には当たり前のように行われていた。

　その日も当時の本拠地・ナゴヤ球場に田尾はやってきた。そこで西武の左腕・杉本正と捕手・大石友好との１対２での交換トレードを通達され、中日を去ることになる。

　その前年の１９８４年まで４年連続での打率３割超。１９８２年からは３年連続でセ・リーグの最多安打をマーク。ちなみに田尾以降で３年連続での最多安打をマークした日本人選手は、オリックス時代のイチロー（１９９４年から５年連続）と西武時代の秋山翔吾（２０１７

〜19年、現広島）の2人しかいない。

積み重ねてきた実績や知名度を見ても、まさしく「チームの顔」にふさわしいスターの一人だった。1番打者として、2年連続での全試合出場も継続中だった。

その時点で31歳。そのキャリアを考えても、脂の乗った最盛期に放出されたのだ。

球団事務所の電話が3日間鳴り続けた「田尾放出」

田尾のトレード決定の一報は、名古屋中を大きく揺るがせた。

今でも、球団内に伝わる〝伝説〟が残っている。

球団事務所に抗議電話が殺到、一時は回線がパンクするほどで、通常の球団業務が滞る羽目になった。そこで当時の営業部長から、緊急の〝お達し〟が出された。

「もう仕事はいいから、中日ファンの話をしっかりと聞いてやってください」

それから3日間、球団職員たちは電話対応にかかりっきりになったのだという。

東海ラジオの名物アナ・大澤広樹は、岐阜生まれの岐阜育ち。生粋の中日ファンだったことは第1章で詳述したが、小3だった当時、こみ上げた怒りを今も忘れない。

「子供心にも衝撃的でしたね。こんな選手、ドラゴンズは出しちゃうの？　って。ホントに、球団に電話しなきゃ、って思いましたもん。『田尾、出すのか』って」

　さすがに、大澤少年は実際に抗議電話までは掛けなかった。

　ただ、それほどまでに「田尾が中日からいなくなる」ということが中日ファンに与えたショックは大きく、球団の親会社である中日新聞の「不買運動」に発展したほどだった。

　田尾の存在感が、それほどまでに大きいという証明でもある。

　なのに？　なぜだ？

　球団社長の家に行って、チームメートの給料を上げてくれとお願いした。

　球団代表に、選手たちの要望を箇条書きにした直訴状を提出した。

　これら、雑誌や過去の新聞記事などにも書かれていた一連の行動が、フロント側に快く思われなかったというのが、トレードに至る理由づけに挙げられてはいる。

　ただ一般の企業や組織でもそうだろうが、例えば上司に対して、歯に衣着せぬ直言をする部下や、後輩に慕われているリーダー格の社員と反りが合わないからといって、その当人を他部署に異動させたり大事なプロジェクトから外したりすれば、その部や課の中で大きな反動が起こることは、覚悟しなくてはならない。

　あいつは、ややこしいことをいろいろ言ってきたから出されたんだ。

人事に関してのそうした悪評は、上司の、さらに上の階層にいる管理職や経営陣の〝鼎《かなえ》の軽重《けいちょう》〟が問われ、その後の組織運営やマネジメントにかえってマイナスを生むケースだってあるのだ。

田尾の移籍は、球団はおろか、名古屋全体にこれほどまでの〝ハレーション〟を起こしてしまった。人気と実力を兼ね備えたスター選手をキャンプイン直前に放出すれば、どういう反応が起こるのか予測できなかったはずはない。

果たして組織として、そうした処遇を簡単に決断してしまうものなのだろうか。

どうも、腑に落ちない部分が多過ぎるのだ。

解説の日に甲子園から芦屋まで走って往復

私はかつて、サンケイスポーツで中日を含めたプロ野球の球団番記者を歴任した。その一時期、田尾がサンスポの専属評論家だった時と重なっていた。

甲子園のある西宮市の西隣にあたる芦屋市内に、田尾の自宅があった頃のことだ。

「きょう、走ってきたんよ。終わったら、また走って帰るわ」

自宅から甲子園まで走って球場入りし、試合の解説を終えると、再び走って自宅へと戻ることがあった。フジテレビ「プロ野球ニュース」が地上波で放送されていた頃には、大阪の関西テレビ（現カンテレ）で生放送を終え、ランニングで芦屋へ帰宅すると「夜中の3時頃に着くことも、何回もあったわ」。

何ともパワフルな田尾の行動には、しょっちゅう驚かされたものだ。

オリックスが宮古島でキャンプを行っている頃には、歌手としての活動もしている夫人と一緒に、マラソン大会に出場するためのトレーニングを兼ねて来島したこともあった。

「喜瀬君、ご飯食べるところ、知ってる？　連れてってくれへん？」

レンタカーで宿舎への送り迎えもしながら、いろいろな話を聞かせてもらったことが何とも懐かしい。

そうした長いお付き合いをさせてもらっていた〝恩恵〟だろう。

名古屋で中日ＯＢたちが集う草野球イベントが行われるその前の時間を使う形で「名古屋での取材でもいいかな？」と快諾してくれた。

放出されても「一番気になるのはドラゴンズ」

田尾は１９５４年１月生まれ。学年でいえば１９５３年、昭和28年生まれに相当する。

プロ野球界には「28《ニッパチ》会」と呼ばれる有志の集いがある。そのメンバーには中畑清（元ＤｅＮＡ監督）、落合博満（元中日監督）、梨田昌孝（元近鉄、日本ハム、楽天監督）、真弓明信（元阪神監督）ら、そうそうたるメンバーが名を連ねている。

その一員である田尾は、２０２４年に70歳になった。

２０２２年5月には、国の指定難病になっている「心アミロイドーシス」という心臓の病気にかかっていることを公表した。プロレスラーの「燃える闘魂」こと、故・アントニオ猪木さんも苦しんだ難病である。

「医者の先生からも、何をしちゃいけないとか一切言われていないのよ。運動に関しても何も言われていないから、いつも自転車で走ってるんよ」

かつては、１００キロマラソンに挑戦したこともあるが、膝の不調で「もう走ることはできないんだよな」とボヤきながらも、水泳と自転車で今も体を鍛えている。

だから、病気を抱えているような雰囲気など、全く感じられないのだ。

中日を出た後の田尾は、西武で2年、阪神で5年。１９９１年限りで現役を引退した。

それでも、ドラフト1位で入団、プロとしての第一歩を踏み出した名古屋との縁は、途切れることがない。

「一番気になるというと、ドラゴンズになるね。やっぱり、９年間お世話になって、ＯＢ連中というか、西武でも阪神でもあるんだけど、やっぱり一番深く付き合っているのは、今でもドラゴンズなんだよね」

田尾をはじめ、中日の名スカウト・法元《ほうもと》英明が担当した選手たちが年に一回、法元を囲んで旧交を温める「法元会」にも、毎年欠かさず参加している。

「愛知県在住のメンバーばっかりで、俺だけが〝外〟から来ている感じなんだけど、みんなが俺を立ててくれて、いつもだいたい、乾杯の音頭を取らせてもらっているんだよ」

だから、田尾といえば「中日」と、すぐ連想できる。そのイメージがいまだに強いと伝えると「俺も強いねん」と田尾は笑いながら、大きくうなずいた。

「他の人がどう思ってるか知らないけど、自分の中ではやっぱり、ドラゴンズに育ててもらったな、という印象があるんで、その意識は自分の中でもあるんですよ」

日米通算４３６７安打のイチローが、幼い頃に憧れた選手として田尾の名を挙げたほどの高い打撃技術に基づいた解説は鋭く、分かりやすいと評判だ。２００２年アジア大会では日本代表コーチ、２００５年に新規参入球団として発足した楽天では初代監督も務めている。

指導者の経験がないわけではない。なのに、中日を出てからのおよそ40年、その〝古巣〟

に招聘されたことはない。

「まあ、出され方がちょっとキツかったから、逆に呼びづらいというのはあったかもしれんね。まあ言ったら、ケンカ別れみたいに見えたかも分からんよね。ケンカなんてした覚えはないんだけどね。上の人たちが、どういう風に俺のことを言っていたのかも分からないし、実際話しているのは、現場のフロントの人しかいないし、その人たちは、何とでも言えるじゃない。自分を絶対、悪者にしたくないから、相手を悪者にする。そりゃもう、相手を悪者にすると、自分が楽だからね」

田尾からの要望や提案は、フロント側にすれば耳の痛いことが多かったのだろう。善処することを認めることは、裏を返せば、己たちの至らなさを指摘されたことでもある。

中間管理職としては、何とも面倒な事態でもある。

何でも言ってくれ、と言いながら、その内容が〝過ぎるもの〟と見なされれば、管理職サイドは、持て余し気味になる。そしていつの間にか、発言の主が「不平分子」という受け取られ方をするのは、どこの組織でも同じなのかもしれない。

正義感からの正論は、真っ向から否定はできない。

だから「権利ばかり主張して、義務が伴っていない」とか「上司を上司とも思わない生意気なやつ」といった態度や言動の方を責め、ボトムアップでの要望や意見を遮断してしまう。

こうした感情面のもつれから導き出される結論は、田尾にだって予測はつく。

「じゃ、もう外しちゃえ、みたいなね。だと思うよ」

知らぬ間に踏んではいけない尾を踏んだのか。出過ぎた杭は打たれるのか。そこまでこじれるまでのプロセスの中で、一体何が起こり、どこでボタンを掛け違えたのだろうか。

田尾の個性に、そうした原因のすべてが集約されるはずはない。ならば、当時のフロント陣が、田尾の直言を受け入れるだけの度量がなかったのか。

名古屋への違和感なし「メシはうまいし、天国」

大阪で育った田尾は、私立の野球強豪校ではなく、公立の府立泉尾高（現大正白稜高）に進学した。

入学時は先輩が５人だけ。とても甲子園が目指せるような状況ではなかったが、田尾の活躍で、３年夏の大阪府大会では４強に進出する。

京都の名門・同志社大へはスポーツ推薦ではなく一般入試で入学。大学３年時からは「投手兼４番打者」の二刀流で、１９７４年春の関西六大学リーグでマークした打率５割４分８

厘は、その歴史を受け継ぐ関西学生リーグで今もなお最高打率の記録として残っている。

外野手としてリーグ3度のベストナインに輝き、3年連続で日米大学野球の日本代表にも選出されている。その一方で、投手としてもリーグ戦通算14勝をマークした。

1975年のドラフト前には、12球団OKの姿勢を打ち出しながら、ある社会人チームからは「1年目から、監督もやってくれって言われたんだよ」という仰天のオファーを受けるなど、そのクレバーさも、野球の技術も、潜在能力も申し分なかった。

即戦力と位置づけた広島からは「レフトをもう空けています」とまで言われ、1位指名を確約されていた。

当時は、指名する順番を決めるための予備抽選がまず行われる。広島は12球団中10番目で、その一つ前が中日となった。

「中日とは話を一切していなかったので、あ、これで広島で決まったなと思った」

ところが、田尾の想定外だった中日が1位指名してきた。ちなみに、田尾を直前で逃すことになった広島が1位指名したのは、宮崎・都城農の右腕、北別府学だった。

名古屋は、田尾にとって「愛知学院大学と一度、練習試合をした以外、名古屋駅で降りたことがなかった」という、まさしく未知の地でもあった。

それでも、田尾は時を置かずして、名古屋に馴染めたのだという。

「違和感とか、それはもう、全くなかった。ホントに楽しかった。特に困ったことはなかったね。メシはうまいし、もう天国。俺、寮を2年で出ていけと言われたんだけど、もう1年おらせてくれって、3年いたんだもん。もう全然スムーズやったし、イヤな感じなんて、全然なかった」

ルーキーイヤーの1976年には新人王。リーグ優勝した1982年は打率3割5分。自身の首位打者と、中日にとっては8年ぶりとなるリーグ優勝をかけて臨んだ最終戦。同じく首位打者を争った横浜・長崎慶一とはわずか1厘差。その長崎が欠場した横浜との直接対決で、長崎の打率が抜かれないようにと、田尾は横浜投手陣から四球攻めにあった。結果的にその「5打席連続四球」が効き、8―0の快勝でリーグ優勝が決まった。

それでも、チームメートの個人タイトルを守るために、敵のライバル選手との勝負を避けるという悪しき風潮が、昭和のプロ野球界にはまだ残っていた。

こうしたスポーツマンシップには程遠い、筋の通らない行動を田尾は最も嫌う。

7点をリードして迎えた8回1死一塁の場面で迎えた第5打席。ボール攻めへの抗議の意を込め、大きく外したボール球を2度も空振りした。

そうした直情的な行動も、中日ファンの絶大な支持を受けていた。

押しも押されもせぬ、ドラゴンズの主力選手として活躍していた田尾だったが、その一方で、選手会長として、何かとフロントと〝対立〟することも多かった。

球団社長宅での直談判、球団代表への直訴状

田尾は、優勝した１９８２年のオフ、当時の球団社長・堀田一郎の自宅へ自ら足を運んでの直談判に臨んだことがある。

あくまで雑誌で読んだり、伝聞で聞いたりしただけの話だったので、田尾に直接、確かめてみようと思い「社長宅に行ったんですか?」と聞いてみたら「あ、あれな」。

あっさりと、言いよどむこともなく認めたので、こちらもある程度の予備知識があったというのに「えっ、本当なんですね」と驚いてしまった。

しかも、要件は田尾自身の話ではなかった。

当時のリリーフエース・牛島和彦は年俸交渉がうまくいかず、思ったように昇給しなかったことで「ふてくされとったんよ」。

その後輩の姿に、田尾の義侠心が燃えた。

「何とかなりませんか、って言いに行ったんよ。自分がどうのこうのじゃなくて、やっぱり来シーズン、牛島がやる気をなくして、結果を残せなかったら、これはチームにとってマイナスやな、と。そこしか頭にない。牛島に、やっぱりやる気になってもらいたいなという思いやね。その辺だけは俺、星野さんより熱いと思うよ」

ただ、会社員が直属の上司を飛び越えて、社長の家に直談判に行くシーンをちょっと想像してみてほしい。そんな〝頭越しの直訴〟が首尾よくいくとは思えない。それこそ翌日、社長室から直属の上司に連絡が入り、即座に大目玉を食らうのは間違いない流れだろう。

チームのために、という一本気な行動とその実行力は頼もしい。しかし、組織人として考えれば、組織の秩序を完全に無視した行動でもある。

「絶対行っちゃアカンし、やったらアカンね。家まで行ってはね。でもまあ、自分ではそれしか頭に浮かばなかったよね。だから、失礼なことはしているわ」

年を重ね、社会経験も積めば、この直談判がいかにとんでもない行動なのかは分かる。

それでも、当時の田尾は熱かった。というより、正義感が強過ぎたのだろう。

田尾が不調に陥っていたある日の試合前、当時の球団代表・鈴木恕夫から「今年はダメだな。こんなんじゃ、年俸下げてしまうぞ」と声を掛けられた時にも、ひと悶着あった。

球団代表にしてみれば、恐らく、激励の意味を込めての発言だろう。しかし、田尾はこれにカチンときた。しゃあないおっさんやな、と受け流せないのも、また田尾らしさだ。

「こんな時に、お金の話なんてするもんじゃないですよ」

そうした、ちょっとしたすれ違いが、じわりじわりと積み重なっていったのだろう。それこそ上司にしてみれば、自分になびきもしない、可愛げのない部下だ。

選手ロッカーの修繕、ナゴヤ球場の選手専用駐車スペースの設置など、選手サイドの具体的な要求を箇条書きにした〝直訴状〟を鈴木に提出し、その実現を再三申し入れた。

「自分のお願いではなくて、選手たちの要望。自分が代表で言いに行ってるだけなんだけどね。『こいつ、何言ってるんだ』みたいにしか受け取られない。あの当時の上の人たちの器も小さかったんだろうな、って思うよね。でも、まあ、そういう人が残っていくんだよね。この世界は、案外ね」

「やってくださいよ」「はい、検討します」

「検討するって言ったじゃないですか」「そんなすぐにはできない」

こうした不毛なやり取りで、互いの不信感がぶつかり合ってしまう。

「自分のことで何かお願いをしているということはないよ。チームのことだから。だけど生意気にこんなこと言ってるな、としか見られない。結局、上には絶対、俺の悪口しか言わないんだろうな。自分では正しいことを言っているから、これを何とか球団の方にお願いしようということで言ったんだけども、後になってみて、頼んでいる人、こちらから申し込んでいる人が、そんなに器が大きい人じゃないんだと分かる。自分の若気の至りでね、若い時って、そういうのも見えない。

正しいことを言ってるんだから、これはいいんだ、というね。自分の中では、割り切ったような感じでね。でもやっぱり、相手のことも考えてやってあげないといけなかったな、と。だから、同じことを言うにしても、もうちょっと言い方もあっただろうなと。そういうのも、年を取って感じるんだよね。若い時って、なかなか気づかないよね」

その〝機微〟を掴むのが、組織の中で生きていくための術だろう。

田尾とは対照的に、このあたりの匙加減が絶妙なのが、星野仙一なのかもしれない。

三木谷に直言する田尾、無言の星野

2人は名古屋以外の出身で、ともに中日のドラフト1位。後には、ともに楽天の監督を務めているのだから、期せずしての共通点も多いのだ。

田尾は、楽天の監督時代の星野から、こんな〝同意〟を求められた。

「お前とか俺みたいなのが、一番いいな。もう、言いたいことを言って、やりたいことをやって、ここというところだけ、掴んでおけばええんだからな」

それが、星野の処世術でもあった。

現役時代には「燃える男」と呼ばれ、監督時代にはナゴヤドーム（現バンテリンドーム ナゴヤ）のライトスタンドに「鉄拳制裁星野」という、仰天の横断幕も登場した。

そうした荒々しいキャッチフレーズとは裏腹に、どこか計算されたパフォーマンスの面があったことは、前章の「湯飲み投げ事件」などにも象徴されている。

田尾は、楽天の地元・仙台のテレビ局の依頼で、楽天監督時代の星野にインタビューする機会があり、キャンプ地の沖縄・久米島へ足を運んだ時のことだ。自身の解任を決めた当事者でもある球団オーナー・三木谷浩史から、夕食パーティーに誘われた。

三木谷、星野、田尾が同じテーブルを囲んだ。当然ながら、チームの話になる。三木谷は田尾に「今年の楽天、どうですか」と、挨拶代わりの質問を投げかけてきた。

そこで、適当に「優勝できるかもしれませんね」とでも言っておけばいいのに、田尾はここで真剣に戦力分析をした上で、チーム編成まで提言するのだ。

「先発ピッチャーが、１人足りませんよね、ね、星野さん？」

傍らの星野に視線を向けたが、星野は無言のままだったという。

「オーナーのポケットマネーで、１人、ええのを獲ってきてくれませんか」

田尾は、三木谷にそこまで踏み込んでアドバイスしたというのだ。

「星野さんは、いろいろと顔色を見ながら、そこに合ったことをやるやろ？　だから、政治家や、みたいに言われるわけやけどね。ま、すごいことやと思うよ、やっぱり。そういうことができるというのはね」

三木谷のようにオーナー企業のトップで、球団のオーナーでもある実業家と、中日のように、親会社からの天下りで社長や代表を務めている球団とは、その対処の仕方を巧みに変えなければならない。

つまり、トップダウンで即座に決められる体制なのか、そのまたさらに上へ要求を上げ、その返答を待つ形なのか。それぞれの組織の〝要求の通り方〟がある。

星野はそうした部分を踏まえた上で、如才なく、実にうまくやってのける。

田尾は、そうした巧みな立ち回り方ができない。常に真っ正直な直球勝負なのだ。

前述した星野から田尾への問いかけに対し、田尾はこれまた、何の飾りもなく、はっきりと本音を、星野に明かしている。

「星野さん、僕は〝ここ〟は掴んでいないんですよ。まともに言ってるだけなんです。そこが、星野さんとの違いですよ」

〝一家言の持ち主〟は中日に戻れない？

そうした直言こそが本音だと受け取って、むしろ喜ぶのが、関西の気質かもしれない。

ところが、内輪の意識が強い、悪い言い方をすれば「排他的」といわれる名古屋では、こうした直言だと、やたらとあちらこちらで、角が立ってしまいやすいのだろう。

「ホントに何十年、スタンスは変わってないからね。あんまり媚を売らずに、これがいいか悪いかって言われたら分からないんだけど、もう、そのスタンスでやってきたから」

ちなみに、もはや〝田尾タイプ〟と名づけてもいいかもしれないが、田尾のように〝一家言の持ち主たち〟は中日を出た後、再び中日に戻っていないケースが多い。

「優勝した時の、１９８２年のレギュラー。ほとんど、みんな出たでしょ？　珍しいでしょ。それで大島さんは日本ハムで監督、牛島も横浜で、俺も楽天で監督。でも、３人とも中日でやってないしね。中日のユニホーム、出た後に着てないでしょ？　ドラゴンズって出したら、もう自分ところの人じゃない、っていう感覚なんだろうな」

２０２１年に出版された『中日ドラゴンズ85年史』（ベースボール・マガジン社）で、球団創設当時の１９３６年から２０２０年まで、各年の「ベーシック・オーダー」と称した打順が記されているのだが、１９８２年は投手を除く野手８人中、外国人のケン・モッカを除き、田尾を含む日本人７人中６人が、他球団への移籍を経験。後に中日に選手、あるいはコーチとして復帰したのは、宇野勝と上川誠二の２人しかいない。

また大島康徳、牛島和彦、田尾の３人は、中日以外の球団で監督に就任している。

流動性の高い、新陳代謝の激しい世界だといえばそれまでなのだが、平野謙や中尾孝義は監督の星野とそりが合わず、その方針に対立したのが〝公〟にもなっている。

前述の『中日ドラゴンズ85年史』の中で、牛島は小松辰雄、平野は中尾と対談しているのだが、それぞれ、その中でトレードに触れた部分がある。

小松「田尾さんがトレードされた。あのころのトレードはチームから放り出されるイメージが強くて、今のように喜んで行く選手はあまりいなかった」

牛島「僕もロッテにトレードで行ってよく聞かれましたから。『お前、何かやったのか』

と。25歳でクローザーをやっている選手が何で出されるのかと不思議だったみたいです」

平野「俺はいろいろとあって、最後のほうはもう（星野仙一監督と）合わなかったからな。中日での最後の1年（87年）はまったく野球に集中できず、翌年から西武にトレードになった」

中尾「俺もその次の年に巨人へ行った。当時はもう仙さんに言われて外野手だったけどね。巨人とか驚いたけど、俺もケンちゃん（平野のこと）のようにいろいろとあったから（笑）。でもトレードで言えば、田尾さんのトレードが一番驚いたかな。みんなが衝撃だった。よく田尾さんの家には遊びに行っていたし、田尾さんってミスタードラゴンズのような存在だったからね」

（いずれも『中日ドラゴンズ85年史』からの抜粋）

フロントが、うるさ型の選手たちの放出を、あっさりと決めてしまう。

「何も俺に限らない。そうやろ？　もう面倒くさいな、と思っちゃうのかな。だから器として、ちょっとちっちゃいよね」

田尾のいう「器の小ささ」は、そうした物言う部下たちへの〝許容範囲〟が狭いゆえのことだろう。ただ、名古屋という〝内向きの風土〟では、その良し悪しは別問題として、星野のようにその機微を掴み、組織内に自らの確固たる立ち位置を見出すことが、組織人として必要な立ち回り方なのかもしれない。

ドラゴンズとヤンキースの〝器の違い〟

田尾は、米メジャーの名門、ニューヨーク・ヤンキースの名物オーナー、ジョージ・スタインブレナーと対立、5度解任されながら、5度現場復帰した名監督、ビリー・マーチンの例を挙げ「やっぱり、器が違うよね」と、ドラゴンズとの比較論を語ってくれた。

「いったんはケンカするんだよな、カッカしてね。だけど冷静になったら、また呼ぶ。そういう人間は、日本にはあまりいないね。いいやつはいい。そういうスケールの大きさがないんですよ。みんなね、ちょっとちっちゃい。人の目を気にする、ずっとドラゴンズに居座ってやっている〝中の連中たち〟が多分、一番いいんだろうね。ちょっと視野が狭いよ」

その〝内向きの論理〟で事を進めていくことの方が、間違いなく楽なのだ。

これまでの章でも見てきたように、名古屋の中で完結できるシステムや工夫を施し、それを長く守り続けてきたという歴史ゆえに、新たなチャレンジになかなか踏み出せない。そうしたコミュニティー内でのやり取りでも、いつの間にか齟齬ができ、それが積み重なっていく。その許容範囲は、恐らく、地域ごとで違いがあるのだろう。

田尾の直言は、常に真理を突いている。忖度というものがないのだ。

だから、名古屋の地元放送局での解説は「どうしても減っていったんだよね」。

中日の試合中継がCBCテレビと東海テレビの〝独占状態〟で、その既得権益ゆえに、中日への過剰な忖度が生まれてしまうという〝もたれ合いの関係〟については、第1章で詳述している。

そうした環境下で、中日の〝悪い部分〟も、そのまま着色も脚色もなく、はっきりと「悪い」と言い切ってしまう田尾の直球解説は、ちょっとした違和感を持たれてしまうのだ。

「田尾は、こういうやつだって、周りがそういう風に見る。それを使う、使わないかは相手が決めることなんで、だから、僕は解説をやっても、自分の思ったことを喋るよ。もうちょっとゴマをすりながら喋ってくださいよ、と言われても、俺、でけへんで。まあ、フィフティ・フィフティばかりじゃなくて、6―4くらいの割合ならあるかもしれんけど、そんな、

1チームだけを褒めることなんて、なかなかできないしね」

田尾だって、分かっているのだ。

ただ、その〝名古屋の掟〟にふさわしくないと判断されれば、田尾のケースのように、名古屋から弾かれてしまうのだ。

それとは逆に、そうしたセンシティブな部分を〝外〟から来ても理解し、名古屋に馴染み、名古屋の人たちの絶大な支持を得ることで、名古屋に定着するケースも多々ある。

星野、山本昌、立浪……名古屋以外の出身者なのに〝ドラゴンズ色〟が強い

星野仙一をはじめ、神奈川出身ながら、50歳まで中日一筋で投げ続けた山本昌、もちろん立浪和義も、大阪生まれの大阪育ちながら、プロ野球選手として中日以外のユニホームを着たことはない。

彼らには「中日・星野仙一」「中日・山本昌」「中日・立浪和義」のイメージが、完全に定着しているといっていい。

そうした〝ドラゴンズ色〟の強さでいえば、福留孝介もその範疇に入るだろう。

鹿児島生まれの鹿児島育ち。高校はＰＬ学園、社会人は日本生命と、その6年間を大阪で

福留孝介氏

過ごし、名古屋には中日に入るまで縁がなかった。

それでも、福留が逆指名時代のドラフト制で「中日」を希望球団に挙げていたのは、幼少期にまで遡った思い出がリンクしているという。

鹿児島・串間キャンプ。

福留少年は、何度となく球場へ通った。「キャンプ銀座」とまでかつては呼ばれた宮崎、鹿児島の南九州には、巨人やロッテなど複数球団がキャンプを張っていた。

当時のテレビ中継、しかも福留の住む鹿児島では、巨人戦〝しか〟映らないといってもいい状況だった。だから、鹿児島のロッテキャンプに行っても「この人たちがプロ野球選手なのか、言い方は悪いけど、分からないんですよ」。

顔を知らない。名前とプレーも全く一致しない。

周りのファンが「カネやんだ」と騒いでいるから、監督の金田正一だけはやっと覚えられた。ただ、それがパ・リーグの当時の状況だった。

それが、巨人の宮崎キャンプに行けば「何々選手だ、というのが分かるわけですよ」。

わくわく感はあった。ただ、常にファンが鈴なり。注目度が高過ぎて、選手に近づくことすらできない。ドラゴンズは、巨人戦を通して選手を知っていた。

「ジャイアンツなんて、行っても選手が見えない。でも、選手が横を一緒に歩いているような、そういう意味ですごく近く感じたのが、ドラゴンズだったというのが一番なのかもしれませんね」

外野席に飛んでくるホームランボールを嬉々として拾った。

メーン球場からサブグラウンドに移動する選手の横を歩いていても注意もされない。間近で見るプロ野球選手は、とても大きくて、実にたくましい。

「近くで、すごい選手を見て、子供ながらにすごく印象に残ったんです」

福留孝介と立浪和義との〝出会い〟は「小さいのに、すごいな、この人」

その中でも、福留の心を引きつけて離さなかったのが、立浪和義だった。

「僕が見に行ってる頃に立浪さんが入ってきて、ショートで出ていた。周りに結構大きい人たちがいる中で、すごく小さい。やっぱり子供だから、自分よりも大きい人には、うわっ、大きい、って思うけど、背丈と言ったら失礼だけど、体はこの中にいてもそんなに大きくない。小さいのに、すごいな、この人、と見て思っていたんです」

そうやって、中日ドラゴンズという存在が、福留の心の中で大きくなっていった。

「僕がドラフトでパ・リーグ（近鉄）に指名されて断った時、やっぱり、自分の中でパ・リーグのイメージが立たなかったんです。自分の知らないものに、イメージは立てられなかった。自分がプロ野球選手になれるチャンスがある、ドラフトにかかると注目してもらって、そうなった時に初めて、どういうチームに行きたいのか、高校を出る時に、自分がプレーしたいのだったら、とその時に初めてパッと思いついたのが、やっぱりセ・リーグだったし、巨人、中日だったんです」

だから、鹿児島にいながら、そして大阪にいながらにして、福留の心には「中日」という存在が、大きく占めていたのだ。積み重ねてきた〝ドラゴンズ愛〟と表現すると何とも抽象的だが、名古屋の人たちにはこれが間違いなく伝わるのだ。

FA権を行使し、一度は名古屋を飛び出してのメジャー挑戦。帰国後はライバル球団の阪神でも8年間プレー。それでも、最後に名古屋に戻ってきた。

帰ってきた福留を名古屋は受け入れ、そして「中日・福留孝介」として引退した。

これを〝名古屋への忠誠〟とでも言えばいいだろうか。

「選手でも、ドラゴンズで２人ですよ、僕と（川上）憲伸さん。２人だけアメリカに行ってるんだけど、この２人って〝外〟からなんです」

徳島商から明大を経ての中日入りだった川上も、福留や星野と同様、名古屋では〝アウトサイダー〟の一人である。その川上も、福留と同様、メジャーで２年間プレーした後、２０１２年に中日復帰、２０１５年に中日で現役引退している。

「中にいて、とんでもない記録を出して、とんでもない活躍をして、外へ飛び出していった人って、いないんですよ。ここで外に飛び出すという考え、発想を持っているのは、絶対に外からの人。僕、すごく名古屋に馴染んでいるけど、そこまで名古屋、っていう人間ではなかったのよ。だから、外へ出ていく怖さっていうのは何も感じていない。逆に言えば、自分の味方になった時には、ものすごく周りを固めてくれるというのが名古屋。でも、これってね、居心地のいい面と、何があっても目立つという意味で生活しづらいという面と、両方あるんですよ。名古屋にいれば『ドラゴンズの何々』っていうのは、ユニホームを着ていなくても『ドラゴンズ』をずっと背負っている。名古屋を歩けば、全然知らない人でも『あー、どうも』って。そう言われて『あー、どうも』って返すんだけど、誰？　って」

選手を悪く言わない名古屋の風土

名古屋における、中日のステータスは高い。

「選手を悪く言う、っていうのが、ないじゃないですか、ドラゴンズって」

福留の指摘には、うなずけるものがある。

「これに関してはね、監督、コーチの（選手の）使い方が悪いとか、いろんなことをもちろん言われる。でも、使われたときに結果が出ないんだから、厳しく言ったら現段階で１軍にいる選手じゃない、っていうのは多々あるんです。立浪さんが（監督を）やるまで、６年か７年、Ｂクラスでしょ？（※立浪就任前の２０１２年～21年までの10年でＡクラス１度）ということは、ずっと延々と同じメンバーでやったら、延々とＢクラスですよ。これを変えていかなきゃいけないというのを、立浪さんが思い切ってやっている。

だから、今やっていることを選手が自分でどれだけ理解してやっているのか。『いや、監督の指導が』とか『コーチの言ってることが』とか言うけど、グラウンドに立ってやるのは選手なんだから、結局は言い訳というか、言い逃れですよ。『いや、結果出ていないのはお前だから』って言われたら、選手はそれまでなんです。そこをどう理解して、言われることにしても何にしても、取捨選択しながら自分に合う、というものを見つけないといけないんです。だから、言い訳をする道を残しながらプレーしているうちは、多分ダメなんだと思いますよ」

そこには、名古屋の風土の特色があるのだと福留は分析する。

選手に批判の矛先が向かないという〝優しさ〟の裏返しとでも言えるだろうか。

２０２２、23年に球団史上初の２年連続最下位。その非難は監督の立浪のマネジメントや選手への対応に関することに集中した。

「これが悪いんだ、何が悪いんだ、って、ファンの方々も、何かしらの答えを見つけたいんでしょうね。僕らから見ても（ファンの方々は）厳しいことも言うし、僕も解説とかで厳しいことも言うけど、やっぱり選手の言い分も分かるし、監督やコーチの考えることも、僕は年代がそっちに近いというのもあるんで分かる。だから、どこを落としどころにするんだろうっていうね」

福留は、他球団でプレーした経験があるからこそ、名古屋の優しさがよけいに際立つように感じるのだという。

「阪神はえげつないよ。だって、ライトを守っていた糸井（嘉男）なんて『僕、もうライトを守りたくないです』って言うくらいだから。調子悪くて、ヤジられてね」

糸井を例に出しているが、福留だって、阪神のライトを守っているから、その体験をしているのだ。打てば神様、でも、３安打の翌日にノーヒットだと、手のひら返しの戦犯扱いになる。ジェットコースターのごとく、上から下へと急降下する大声援。ただ、これがスタンダードとしてプレーしてきた生え抜きの選手と、外様組とは受け取り方が違う。

「これは、外から来た人には大変だけど、中で育った人にしてみれば、そうでもないんですよね、意外と。そこは、どこのチームでも一緒。それを言葉にするか、しないかの違いがあるんでしょうね」

名古屋にも、その『掟』はある。

それは、名古屋の風土と絡んだ、その名古屋の空気や雰囲気によって醸成されるのだ。

〝名古屋の掟〟

福留のように、最後にドラゴンズに戻ってきて現役引退をした選手を、名古屋の人たちは歓迎する。一方、落合のように勝ちにはこだわるが、街への愛情が感じられない、ファンへの配慮に欠けるように映れば、勝ってもそれこそ歓迎されない。

また、田尾がトレードに出された時の経緯を改めて振り返ってみると、田尾のド直球ともいえる発言が、どこかしらハレーションを起こしていることも浮き彫りになる。

「もう、ここまで来たらしょうがないわ。でも、それで全然、後悔せずに来れているだけいいわ」

田尾は分かっていながら、そうした『名古屋の掟』に囚われ過ぎるのは、自分らしくはないという潔さがあった。

踏みこみ過ぎてもいけない、かといってないがしろにしてもいけない。目には見えない不文律のような、実に曖昧《あいまい》な部分だ。

重ねて言うが、これは名古屋という「風土」への批判ではない。

その〝土地の感覚〟というものは、それぞれにある。そこにうまくフィットできるか、できないか。郷に入れば郷に従えとは、このことなのかもしれない。

「名古屋にずっといる生粋の名古屋の人が自分の知り合いにできるでしょ。そういう人たちと一緒にいることによって、あ、これが名古屋なんだ、ってね」

そう語る福留が、こんな〝実感〟も話してくれた。

「飲食店なんかでも、新規で〝外〟から来て、名古屋でオープンして続けるのは難しいって言われてるんですよ。ホント、一番分かりやすいのは飲食店だと思いますよ。名古屋で飲食店を開いて、それが名古屋の人に受け入れられたら大成功する。だから、全国的に展開している飲食店が、チェーン店で入ってくるというのも、なかなかない。逆に、外へ出たのは、コメダでしょ？」

貴重な〝名古屋分析〟だが、さすがに福留はビジネスの専門家でもないから、どういう形でご紹介するべきか、実は私も考えあぐねていた。

その福留理論を裏づけるかのごとく、名古屋出身の作家が、名古屋人のビジネス感覚をこのように定義していた分析本に出会った。

> 名古屋めしの東京進出はどこかおずおずしていて、控えめなのだ。ドーンとチェーン展開して大ブームになってやろう、というような迫力がない。
>
> 例外は小倉トーストも有名な「コメダ珈琲店」で、ここは２００３年に関東第1号店を横浜に出店して以来、今や44都道府県に約７４０店を展開している。こういうやり方こそ全国展開というものだ。喫茶店といえばコメダ、というくらいに勝負をかけている感じがする。
>
> ところがそれ以外の名古屋めしは、腰の引けた進出のしかたしかしない。話題になっ

ているそうだから、とりあえず一店だけ出店してみるか、という感じなのである。（中略）

名古屋では順調にビジネスできているのだから、それでいいじゃないか。東京に進出したって、そううまくはいかないんじゃないか、とマイナスにばかり考えるのだ。

（清水義範著『日本の異界　名古屋』ベスト新書、２０１７年より）

著者は、名古屋出身の作家で、２００９年には「中日文化賞」も受賞している。

中日新聞社編纂の社史『中日新聞社の百三十年』によると、この「中日文化賞」は、中部日本で学術、芸術、スポーツ、社会事業などに顕著な功績を上げた個人や団体を顕彰するもので、１回目は戦後直後の１９４８年5月3日に発表されている。清水は第62回の受賞者で、選考理由で「名古屋文化の神髄紹介とユーモアあふれる作風」と説明されている。

無意識に「郷に入れば郷に従え」ができるか

名古屋めしを「人」に置き換えるのは少々気が引けるのだが、名古屋出身の清水が例示した「店」を中日の選手にあてはめてみれば、案外と納得できたから不思議なものだ。

コメダ珈琲店は、さしずめ、星野仙一だろう。

名古屋で確たる実績を作り、そこから〝外〟で勝負に出た。

阪神、楽天でも監督を歴任し、３球団をすべて優勝に導き、楽天での２０１３年には、日本シリーズで巨人を倒して日本一にも輝いた。

控え目といえば、プロ32年、50歳まで投げ続けた山本昌、ＮＰＢ最多となる１００２試合登板を果たした鉄腕・岩瀬仁紀《ひとき》かもしれない。２人はメジャーの誘いにも乗らず、ＦＡ権を行使しての移籍もせず、中日一筋でプレーし続けた。

大阪出身の立浪和義も、熊本出身の荒木雅博も、神奈川出身の森野将彦も、ＦＡ権を行使すれば間違いなく他球団が食指を動かすだけの実績、実力、人気があったはずだ。それなのに３人ともそろって、名古屋で現役生活を全うしている。

福留も、メジャーでプレーしていた２００８年からの5年間、中日時代に住んでいた名古屋の家を、そのまま置いていたという。

「アメリカから帰ってきた時に、住む場所がないじゃないですか。まだ子供も小さかったし、ホテルで何カ月も生活するのはイヤだったから、置いてあったんですよ」

中日への愛着や名古屋への忠誠心のようなものじゃないと言わんばかりに、その利便性と効率性を強調するが、それは名古屋で生まれ育った山﨑が、オリックスや楽天でプレーしている時にも、愛知の自宅へ帰ってきていたのと同じパターンでもある。

第2章で紹介した片貝義明も、群馬出身、中日で選手、コーチ、スコアラー、営業まで経験し、名古屋の名店「矢場とん」で人事部長を務める経歴から見ても、それこそ名古屋に完全に定着した〝外から来た人〟の一人だ。

「共通するのは、名古屋の人って友達とか、すごく大事にするんですよ。マサ（山本昌のこと）もそうだけど、野球であれだけすごいのに、普段はプライドが高くて一般の人と付き合わねえとか、そういうことがないもん。俺は関東出身だからとか、そういうことを言った途端に、名古屋じゃ、えっ、あいつは……ってなるからね。

だから、無意識だと思うんです。無意識にやれる人がやっぱり残っていく。独特なところだよね。郷に入れば郷に従え、じゃないけど、それが無意識にできる人だよ」

だから、福留孝介は鹿児島出身なのに、まるで「名古屋の人」のように感じてしまうのは、きっと、名古屋の人を演じていないからなのだろう。

つまり、ネイティブの名古屋人が認めるその感覚が、自然ににじみ出てくるのだ。

名古屋の人たちは、その『名古屋愛』に、きっと敏感なのだ。

第5章　フランチャイズ・プレーヤー

２０１６年に中日新聞社から発行された『中日ドラゴンズ80年史』には、リーグ優勝を果たした年の象徴的なシーンを写真で振り返る特集ページが組み込まれている。

１９９９年は「開幕11連勝　ドーム初Ｖ」。

その見出しとともに、見開きのカラー２ページに７枚の写真が掲載されている。

「オールドファンの人は、あの『99年のホームラン』のことを、いつも言ってくれるんだよね」

山﨑武司の野球人生を語る上で、それこそ絶対に欠かせないワンシーンは５枚目。見開きページの左上に位置していた。

バットを放り投げた山﨑が、ホームベース上で両手を突き上げている。

アルファベットの『Ｘ』のごとく、美しいフォルムを描いたその仁王立ちが飛び出したのは、１９９９年９月26日、ナゴヤドーム（当時）の阪神戦でのことだった。

第２次星野政権４年目。ナゴヤドーム開場から３年目。

〝ドーム初優勝〟へひた走っていたその年、ナゴヤドームでのシーズン最終戦だった。

９回に守護神・宣銅烈《ソンドンヨル》が逆転を許すも、その裏に山﨑が逆転サヨナラ28号３ラン。勢いづいた星野中日は、その4日後の9月30日、11年ぶりのリーグ優勝を決めた。
山﨑の劇的弾は、中日ドラゴンズにおける歴史の一ページに刻まれた、美しく、そして価値のある本塁打となった。

中日以外の9年間も自宅は愛知

ナゴヤ球場のラストイヤーとなる1996年、星野仙一が2度目の監督に復帰したその初年度に、山﨑は39本塁打で初の本塁打王に輝いている。

山﨑武司氏

創設直後の2005年に移籍した楽天でも、名将・野村克也との出会いによって、その打撃技術と勝負強さにさらなる磨きがかかった2007年、38歳にして本塁打、打点の2冠王を獲得している。

セ・パ両リーグで本塁打王に輝いたのは、落合博満（ロッテと中日）、タフィ・ローズ（近鉄と巨人）に次ぐ史上3人目の快挙でもあった。オリックス時代に一度は戦力外通告を受けた男の見事なまでの復活劇は「中年の星」と称えられた。

その27年間の野球人生で、山﨑はオリックス、楽天と〝中日以外〟の球団で９年間プレーしている。しかし、神戸でも仙台でもホテルを定宿にしての単身赴任を選択。愛知県内にある自宅に、遠征の際や休日に時間を作っては帰ってきていた。

「引っ越すという選択肢は、楽天の時にね、このまま楽天で終わるんだったら、ま、星野さんと揉めんかったら、仙台に引っ越してもいいかなと思ってたんだけど、だけど人生、何が起こるか分からない。そうなったら、やっぱりこっちだよね」

星野仙一が楽天の監督に就任したのは２０１１年。そのオフ、山﨑は楽天を去った。

42歳になった超ベテランを斬り、若手に切り替えるという星野流のチーム改革の一環ではあったのだが、山﨑と星野には、どこか似た部分があるようだ。

磁石が同極同士だと引っつかないように、なぜかしら反発し合う部分が強かったのだ。

山﨑は、星野にとって初の監督就任直後となる１９８６年ドラフトで中日から２位指名を受け、本塁打王を獲得した１９９６年は星野第２次政権の初年度だった。

前述の〝仁王立ちサヨナラ弾〟に象徴される１９９９年のリーグ優勝も、星野の下、山﨑は押しも押されもせぬ主力の一人として活躍していた。

星野の楽天監督就任に「もうアカンと思った」

だから、２人の縁には深いものがある。

どちらも親分肌で、後輩の面倒見がいいのもなぜかしら共通点だ。楽天での山﨑を慕う後輩たちは、それこそたくさんいた。

星野のチーム作りは、星野というカリスマ性を持った監督をコーチ、選手、スタッフ、フロントも含めたチームが一体となり、いわば押し立てていく形でもある。

だから、自分にはなびかないベテラン陣には、自ら引導を渡すことも多かった。

谷沢健一をはじめ、大島康徳、平野謙といった、実績十分のレギュラーでありながら、自らをしっかりと主張する、星野から見れば〝うるさ型〟に映る選手は、星野政権下で中日から去っている。

さらには「血の入れ替え」という言葉に代表されるように、選手の入れ替えを積極的に行うことで、チームを自分好みの色に染め上げ、さらなる結束を固めていくやり方だ。

そうした星野の〝手法〟を、山﨑はもちろん知り尽くしていた。

「星野さんが来た時、あ、もうアカンと思ったしね」

案の定、だった。退団が決まっていた楽天でのラストゲームでも、山﨑はスタメンではなかった。そうしたちょっとしたわだかまりも、いまだに残っているという。

鬼籍に入った星野に確かめることはできないので、山﨑の〝証言〟だけを記すことをご容赦頂きたいが「明らかに、中日（に戻ること）を阻止されていたんだから、俺」と明かす。

「星野さんは一番初め、俺がジャイアンツに行くと思ってたんだって。『タケシはジャイアンツを狙っているぞ』って、ずっと周りに言ってたらしいから」

山﨑が、幼い頃は巨人ファンだったことは、この後に詳述する。

中日と楽天の監督オファーが同時なら「中日」

ただ、そうした憧れとはまた別問題だった。

山﨑は、野球人生の最後を飾る舞台として、名古屋に戻ることを考えていた。

「ドラゴンズに帰りたいんです。面倒見てもらえんでしょうか」

山﨑からの〝復帰志願〟の電話に「そんなの、無理だぞ」。

東大出身の元中日投手、異例のキャリアを歩んできた井手峻《たかし》は、山﨑武司のよき理解者の一人で、2011年当時も編成部門の要職にあった。

2002年、監督の山田久志と対立。自ら志願してのオリックス移籍の際には「ドラゴンズとはケンカせずにいこうぜ」と関係各所に骨を折ってくれたのが井手だったが、山崎からの懇願とはいえ、これには困惑の色を隠し切れなかった。

「給料なんか1円もいらないんで、俺を雇ってください」

その時、落合博満に代わって、２０１２年から高木守道の監督復帰が決まっていたことが山崎にとって幸いだった。

「じゃあ、ちょっと高木さんに聞いてみるわ」

井手からの伝言に、高木は即、決断してくれたのだという。

「おー、帰ってこい」

その鶴の一声で、現役最後の2年間、古巣中日でプレーすることができた。「中日・山崎武司」として現役引退し、引退試合も開催してもらった。

「だからドラゴンズ、大好きで仕方ないんよ」

生まれ育った街にある球団でプロ生活をスタートし、その球団でキャリアを終え、その街の放送局で、野球を解説している。

「楽天には恩がありますし、東北の人もめちゃくちゃ大好きで第二の故郷ですけど、やっぱり1番は中日、名古屋。2番が東北、仙台って、僕ははっきり言うんです。中途半端にこっちでいいこと、あっちでいいこと言ったって、みんな納得してくれない」

東北で、講演の依頼も多いという。定番のラストは、ファンからの質問に答える質疑応答となり、必ずといっていいほど、この問いかけが飛んでくる。

「中日と楽天、同時に監督のオファーが来たら、どっちに行きますか」

山﨑は、その答えに迷いはない。

「中日です」

それが、山﨑武司という男の、揺るぎない信念だ。

「現役の最後に中日に2年、ちょこっといたけど、楽天には7年。正味、ドラゴンズのファンとしても、僕のことを知らない人はたくさんいるわけで『山﨑って楽天じゃん』っていう人、たくさんいるんだけど、同時に監督のオファーが来たら、俺は中日を選ぶよ。東北の後援会でも『悪いけど、俺は同時に来た場合は、ドラゴンズでやる』と。自分がいろいろなものを勉強して、吸収して、また楽天でオファーがあれば、そこはプラスアルファで楽天にお土産を置いて帰りたいと思うけど、まずは必ず中日。それはブレてない」

中日では山田監督、オリックスでは伊原監督と対立

山崎は、思ったことをはっきりと、忖度なく主張する一本気な、直言型の男だ。

中日からオリックスへ移籍する〝引き金〟も、当時の監督・山田久志との起用法を巡る対立だった。ＦＡ権を行使して、横浜（現ＤｅＮＡ）へ移籍する決意を固めていた山崎に「お前が必要だから」と止めたのは山田だったのだが、蜜月の時は短かった。

山崎が代打で三振した試合後に「チームを奈落の底に落とすやつがおったら勝てんわな」という山田のコメントがスポーツ紙に掲載されていた。

山崎は、山田に直接抗議に出向いたのだという。

「これって、僕のことですね？」

「そりゃ、お前のこととは限らんぞ」

はぐらかす山田の態度に、山崎の怒りは爆発した。フロントにトレードを直訴。平井正史とのトレードで、２００３年からオリックスに移籍した。

それから山崎は「絶対にあの人とは話さん」と山田とは和解はおろか、一言も口を利いていないという。

さらに、私がサンスポでオリックスを担当していた２００４年、山崎が起用法を巡って監督の伊原春樹と揉めたのは、４月27日からナゴヤドーム（当時）で行われた西武との３連戦中のことだった。

地元での出場を切望し、2月の宮古島キャンプでもその思いを伊原に伝えていた。27日の試合ではＤＨに起用され2安打。好調なのに、翌28日は他の選手をＤＨ起用したことで、山﨑はスタメンから外され「話が違う」。

すると伊原は「そんな気持ちだったら野球やれんな、帰れ」。

まさしく売り言葉に買い言葉。山﨑はナゴヤドームから愛知県内の自宅へ本当に帰ってしまい、29日には2軍降格が決まった。

「オリックス内紛」

それを記事にした私は、伊原に監督室に呼ばれて「俺の足を引っ張る気か」と怒鳴り上げられ「二度と監督取材に来るな」とまで言われた。

そもそも謝る気など全くなかった私は「ああ、結構ですよ」と啖呵を切り、その後は試合後の会見どころか、その1年限りで退任した伊原の最後の会見すら出なかった。

敵の敵は味方？　とばかりに、伊原と〝衝突した同士〟として、山﨑とは意気投合した。

オリックスから戦力外通告を受けると、２００５年に新規参入した楽天へ移籍。その初代監督は〝中日から出た〟という共通項のある田尾安志だったのも、何かの運命だろう。

山田、伊原、そして星野。

実績十分の上司に対しても自説を曲げず、堂々と対立するのだ。

若手投手の大炎上＆続投の立浪采配に「俺も投げさせた」

今回、山﨑の取材を行ったのは2023年8月26日。その前夜、実は物議を醸すある事件が、バンテリンドーム ナゴヤで行われたDeNA戦で起こっていた。

プロ3年目の近藤廉が、シーズン初登板のマウンドに立ったのは9回。中日の6点ビハインドの展開だから、今後へのテストと敗戦処理の意味合いだ。

その24歳の左腕が、火だるまになる。1イニング10失点。62球を投げ、被安打8の5四死球の大乱調にも、中日ベンチは近藤を交代させなかった。

翌日以降のことを考えれば、もう他のピッチャーを使いたくないというベンチの思惑も分かる。恐らく、近藤が登板した時点で、ブルペンは事実上、店じまいだっただろう。

それにしても、ひどいのでは……という感情論で、監督の立浪が非難の的になった。

山﨑は、この試合の解説席に座っていた。

「代えるという選択肢はあった。でも俺も（監督なら）あそこは最後まで投げさせた。よかったと思うのは、立浪監督がすぐコメント出したよね。『ちょっと気の毒なことをさせたから、申し訳なかった』って。俺、あれでもうあいつは救われたと思うよ。あれで監督が知らんぷりしとったらダメだなと思っとったけど。昨日みたいな、ちょっとだらだらしたシチュエーションだから、仕方ないところもある。そういう部分では、ピッチャーがいかなきゃいけないとこはあるしね」

世間の論調は、立浪に批判的な見方が大半だった。むしろ立浪を悪者にした方が、名古屋という〝選手に優しい街〟では、受け入れられやすい。

この世界、近い将来に現場復帰を目指す人は、現場や球団、さらには選手への忖度から批判めいたことは避ける傾向がある。不成績のチームなら、監督の采配に対する批判をしておいた方が、ファンにも受け入れてもらいやすい。

簡単に言えば〝悪口〟を言っておいた方が楽なのだ。

しかし、山﨑はそこにおもねらない。己の意見を、その信念に照らし合わせて正直に語る。だから、この件に関しては立浪の肩を持ったのだ。

「ドラゴンズに恩返しがしたい」

そして、中日の監督になりたいという夢すらも、隠さない。

「プロに入ってね、ドラゴンズにお世話になった。打倒ジャイアンツで頑張れたし、ドラゴンズで初めてホームラン王のタイトルも獲らせてもらったし、ドラゴンズにいればいるほど、ドラゴンズも好きだったたし、トレード志願してオリックスに行ったけど、死ぬほど悔しかった。最後、幸運にも2年、ドラゴンズのユニホームを着れて、今はこうやってドラゴンズに携わる仕事もさせてもらっているというのは、やっぱりドラゴンズには恩返しをしなきゃいけないという気持ちもある。でも楽天でね、ああやって7年間、東北の人にも応援してもらった。だから、両方に恩返しという気持ちがあるんですよ。残念ながら、そういう機会はまだないけど」

その〝ドラゴンズ愛〟が、言葉の端々に、そして態度ににじみ出ているから、コメントが少々きつかろうとも、名古屋のファンは山﨑を支持するのだ。

名古屋で育ち、名古屋の高校を出て、中日ドラゴンズに入る。

トレードされても、家は愛知県内から動かさず、最後にまた中日へ帰ってきた。

山﨑武司の人生には、常に「ドラゴンズ」がある。

メジャーでは、キャリアの大半をその球団で過ごしたスター選手を「フランチャイズ・プレーヤー」として敬意を表し、大事にするという習慣がある。

その定義にあてはめれば、山崎武司は中日ドラゴンズを代表する「フランチャイズ・プレーヤー」の一人である。さらには「愛知県生まれ」という、地元志向の強い名古屋の人たちにとっては、最も心に響く枕詞《まくらことば》までついているのだ。

巨人ファンゆえに「中日には行きたくなかった」

山崎は、もちろん名古屋で生まれ育ったのだが、父親が長崎出身だったこともあって「ジャイアンツファンだったのよ」と、意外な？　告白を始めた。

「僕らの子供時代は、やっぱりドラゴンズの帽子をかぶってね、みんな遊んでいた時代だったんだけどね。俺はこっちで生まれ育ったんだけど、さすがに小さい時は、テレビも中日戦じゃなくて、巨人戦しか映ってなかったから、その影響で俺はずっとジャイアンツファンで、ずっとやってたのよ。だけど、周りがドラゴンズ、ドラゴンズだったし、小学校なんて、ドラゴンズが負けたら、学校の先生からの宿題が増えてしまう。機嫌が悪くなってだよ。それくらい影響力があるのが、やっぱりドラゴンズだったからね。ほぼ9割以上、ドラゴンズファンだったよ。その中で一人、変わり者で、ジャイアンツファンだったんだ」

監督にも忖度なし、遠慮なく、ずけずけとモノを言い、幾度となく衝突してきたプロでの日々を見てきた記者の一人として、その〝妙な頑固さ〟はその頃からかと、ちょっと納得してしまうところもある。

「いやなもんはヤダ、って。そういう教育を受けたのかな？　どっちかと言えば、ウチのおふくろがそういう性格の人だったからね。親の影響かな？　何か分からんけど、やっぱりちょっと、人とは変わった少年ではあったわね」

それでも、やっぱり、ドラゴンズに囲まれた『環境』というものは恐ろしい。

「当時、駄菓子屋でペプシコーラと菓子パンが１００円で買えたんですよ。ペプシの景品が、ドラゴンズの選手のワッペンとかメンコ。それもスター選手ほど、そのメンコが大きいんですよね」

大島康徳、谷沢健一、星野仙一は〝大〟で、宇野勝になると〝中〟だったという。

「そういうランクがあってね。だから、ジャイアンツファンではあったんだけど、そのデカいメンコが欲しいがために、飲みたくないペプシを買ってました」

それでも、中日を後押しする、地域ぐるみともいえる熱狂的な空気感は、大勢に流されることをよしとしない山﨑にとって、どうしてもしっくりこなかった。

ドラゴンズのメンコを集めながらも「馴染むことはなかったよね」と振り返る。

「何と言うの、この地域ではね、簡単に言えば関西の阪神タイガースと一緒ですよ。もう独占、というところはあるからね。少年野球はやってたから、宇野さんの真似とか、谷沢さんの真似とか、そんなことをしながら遊んでいたのは覚えているけど、変わっていたんだよな、俺。その時、10人対１人でもジャイアンツを応援してたし、人とは違うことをしたいというのは、小さい時からあったかもしれない」

父親が、勤務先でナゴヤ球場の入場券を入手してきてくれた時でも「巨人戦は見に行ったんだけど、他のカードは行かなかったもん」。

だから、将来は「巨人に入りたい」と思っていたのだという。

「勘違い野郎なんだよね。野球選手になりたいとか、夢は野球選手だとか、そういうことを言うじゃない？　でも俺は『野球選手になる』と思ってやってたからね。何の根拠もなかったし、実力もなければ実績もないんだけど、俺は野球選手になるという風に思い込んでいたんだよ。『俺はなる、なれるんだ』ってね」

運動神経は抜群だった。

中3夏の最後の大会、県大会の1回戦敗退で野球が終わると、相撲の県大会に出場。いきなり優勝して全国大会に出場すると、その堂々たる体躯に「5部屋くらいかな」。

なんと、相撲部屋からスカウトが来た。

さらに相撲だけにとどまらず、今度は陸上の「ボール投げ」で全国準優勝。陸上競技でも強豪校からスカウトの声が掛かったのだという。

「まあ、でも、野球だと。その辺はブレなかったね。でも高校野球は、誘いが一つもなかった。だけど野球がやりたかったから、そのためには名門校に入らんとダメだなと思ってセレクションを受けたら、合格しちゃった。まあ、行くなら名電に行きたいなと思っていたんだけど、運よく入学できたんですよ」

その運動センスに、愛工大名電高という名門のエキスが注入されると、プロ注目のスラッガーへと成長するのは、もはや必然だったのかもしれない。

それでも「行きたくない球団」の3つに、中日は揺るがず入っていた。

「プロが最終のところではあるから、やっぱり、入るんだったらジャイアンツ。ジャイアンツのユニホームを着てプレーしたい。その一択しかなかった。ドラゴンズは、地元というだけで、まだちょっと毛嫌いしていた。ただ、ドラゴンズが嫌いというより、地元に行きたくなかっただけだね。周りの環境が、もうドラゴンズ、ドラゴンズだったし」

だから、行きたくない球団は「１番が中日、２番目が南海、３番目が広島」だった。

「中日は純粋に地元だから行きたくない。南海はその年が最後の年。貧乏球団でお金がないって聞いてたから行きたくない、広島は日本一練習がきついって言うから、これも行きたくないと」

なのに、その〝最も行きたくない球団〟からの２位指名。周りのフィーバーをよそに「行くのやめようか、って、悩んでたんです」。

そんな山崎がはっとさせられたのは、ドラフト指名を受けた直後だった。

愛工大名電高の山崎は、系列の愛知工業大の投手・西崎幸広と、指名後の会見に備えて設定された、横並びの席で待っていた。

「お前、いいよな、セ・リーグで、ドラゴンズに入れて」

西崎は、滋賀・瀬田工から愛工大というキャリアを歩んでいた。滋賀は中日新聞の販売エリアにも入っている。だから、中日の影響力が強い。

日本ハムのドラフト１位指名なのに、山崎の中日２位を羨ましがったのだ。

「今でも覚えてる。『お前、いいよな』って言われたの。やっぱり、周りがわーわー言ってくれるし、自分はそんなにテンションが上がってないのに『よかったね、ドラゴンズに入れて』って、ホントにみんなに言われてね」

これが、名古屋におけるドラゴンズの存在感の大きさでもある。

それを痛感しているのは、山﨑だけじゃなかった。

田尾も福留も実感する名古屋の「優しさ」

中日を放出された田尾安志も「名古屋の特色」を、こう説明してくれた。

「選手に優しいよ。僕らの頃もそうだけど、サイン会なんかでも芸能人を呼ぶより、ドラゴンズの選手の方がお客さんが集まるらしいんだよね。芸能人よりギャラは安くいけるし、それでいてお客さんが集まるんで、サイン会がすごく多かったんだよ」

２軍の選手であろうとも、その知名度は名古屋限定とはいえ抜群なのだ。

「それ（知名度）はないより、あった方がいいと思う。それで頑張ろうと思えたらいいし、前向きに捉えていかないとね。みんながそうやって評価してくれるのはありがたいことだと思うよ。そういういい環境の中でやらせてもらっているんだから、結果をどうやって出すかだよね」

田尾が指摘するのは、その〝優しい環境〟に、どうしても甘えてしまう選手の姿勢だった。

福留孝介もこれに賛同し、名古屋の街は「優しいよ」と強調した。

「だから、（2023年に2年連続で）最下位でも、とんでもなく、お客さんがドームに入ってる。みんな『ドラゴンズの選手たちがやっているんだから、頑張れ』って。特に今、地元の選手も、岡林（勇希・三重県出身）であったり、石川（昂弥・愛知県出身）であったり、ちょっとずつ出てきて、髙橋宏斗（愛知県出身）もそうだよね。地元の選手が出てきているから、名古屋の空気感が〝頑張れ〟ってなってるよね」

大阪出身の田尾、そして鹿児島出身の福留。彼らのような〝アウトサイダー〟は、名古屋の人たちが、地元選手に注ぐ優しさ、ひいきの目を敏感に感じ取っている。

その優しい空気は、一歩間違えれば、緩さへと変わってしまう。さらには、ひいきの引き倒し的な騒がしさも含めて、山﨑はこういう雰囲気を肌感覚で分かっていた。

だからこそ、山﨑は中日に行きたくなかったのだ。

「ドラゴンズには名古屋の気質を感じる」

第1章で詳述した、球団を支える仕組みに関しても「それが名古屋なんですよ」と山﨑の指摘は手厳しい。

「名古屋の財界が、ドラゴンズという象徴に、一丁噛んでおきたいんですよ。だから、名古屋の体質は名古屋の財界に弱い。それは僕らも年を取って感じることなんですよね。若い時はただ、野球やっとりゃいい。だけど、ドラゴンズを盛り上げるために、どうしていくかって考えたら、ドームのいろいろなものを新しくして、進化させなきゃいけないでしょ。でも、進化してない。

ドラゴンズが勝つためなら、ホームランシートも造らんといかんでしょ。ラッキーゾーンを造ったら、ドラゴンズは勝つよ。お客さんもラッキーゾーンの間に席を作って入れられるし、儲かるでしょ？　そういうのはやっぱり検証、検証、検証、本当にメリットがあるのか、勝算はあるのか、まずやってみりゃええやん。でも、名古屋はすべて3番目なんですよ。東京、大阪、名古屋なんですよ。みんながやって、あ、これいけそうだったらいこう、っていうのが名古屋なんです。だから、ドラゴンズも、名古屋の気質を感じるよね。モノは言うけど、カネ出さん、っていうやつね。そういう名古屋人にはなりたくないと思って、俺は生きてきたから」

それこそ、名古屋のDNAとでも言おうか。それが山﨑には組み込まれているから、名古屋の良さ、悪さに、すぐに反応できてしまうのだ。

そうした微妙な部分を、星野も立浪も福留も、外から名古屋にやってきた人たちは〝学んでいく〟必要がある。そこの部分で、少々うまくフィットしなかったのが田尾だったのかもしれないし、第6章で詳述する落合博満だったのかもしれない。

これを山﨑と同様、最初から掴み、理解し、それに沿って違和感なく行動できたのが、岐阜生まれの岐阜育ち、中日一筋の2代目ミスタードラゴンズ・高木守道だった。

通算出場2282試合、通算安打2274本、通算369盗塁は、いずれも球団史上2位の大記録。2006年に野球殿堂入りを果たし、2014年にはNPB（日本野球機構）80周年の「ベストナイン」にも選出された。

その華麗で堅実な守備で「プロ野球史上最高の二塁手」と呼ばれる、まさしく中日の「レジェンド」でもある。

高木に「40人枠」から外された若き日の山﨑

山﨑が中日に復帰したのは、落合の監督退任と、高木が2度目の監督に就任することが決まっていた２０１１年オフのことだった。

高木の「おー、帰ってこい」。

その鶴の一声で、10年ぶりのカムバックが決まったことは、前述した通りだ。

「ホントにこうやってドラゴンズに戻って、名古屋でこうやって仕事もさせてもらっている。それは一つ、高木さんのお陰っていうのもあるんだよね」

山﨑の感謝は尽きない。

しかし「ある意味、野球に対しては非情なんだよね」と山﨑は証言する。

１９９２年、高木の監督１年目は、山﨑のプロ６年目。当時は「40人枠」があり、支配下登録70人を１軍40人、２軍30人に振り分け、その１軍枠に入らなければ28人の出場選手登録の中には入れないルールになっていた。

６月初旬と７月の球宴休み前と、２度の〝スイッチ時期〟があり、シーズン中に最大５人まで、１軍40人枠の入れ替えが可能だった。

山﨑は当時、２軍では「もう、無敵に打っとった」と、後の本塁打王の片鱗を見せ始めていた頃だった。なのに、開幕時の40人枠から外されたことで、当時の２軍監督・福田功には「もう、俺、野球辞めますわ。クビにしてくれ」とショックのあまり〝引退宣言〟までしたと振り返っている。

入れ替え時には40人枠に入ることができたのだが「俺、高木さんに外されたんだよね。それくらい、シビアにやられた監督だった」。

山﨑は中日での18年間で、監督が高木だった時代が6年、星野は11年。山田久志が1年。ちなみに、落合のもとではプレーしていない。

高木も星野も監督だった時代には、常に山﨑武司がいたことになる。

「星野さんがやって、高木さんがやって、こう、交互にやると、対照的な人なんだな、ってよく感じましたね。高木さんって、根っからの岐阜の人だから、周りが理解してくれるところもある。星野さんは言葉で発信して、自分の地位をあそこまでにしたけど、高木さんは言葉で発信して、そういうことをするような人じゃなかった。

だけどどっちが我が強いかといったら、断然高木さん。もう、ホント折れないんですよ。芯の強さは、高木さんの方がもう、比べ物にならないくらい強い。だから何かと〝上手じゃなかった〟よね、選手に対しても。ユニホームを脱いだらホントにいいおじさんなんだけど。

高木さんはある意味、野球に対しては非情だった。ダメだったらダメって。星野さんもそう見えるかもしれないけど、何かこいつ生かせねえか、というところがあって、ホントに対照的。でも練習は、どっちがきついかと言ったら、星野さんは強制的にやらせる、高木さんはそうでもないという、真反対のところがあるんですよね」

練習メニューを独断で変え、高木一人でその準備をする

星野の命を受け、スコアラーのデータ入力をデジタル化することに尽力した片貝義明も、高木の第1次政権の4年間、コーチを務めていた。

キャンプのメニューは、前日に監督を交えたスタッフ会議で決定する。片貝はそれをまとめてスケジュールを作り、チーム内に公表。報道陣もそれを見て、翌日の取材スケジュールを立てて、動くことになる。

ところが翌朝、片貝が朝食を取ろうというその時間に、耳を疑うような連絡が入った。

「監督、グラウンドに行きましたよ」

練習開始の2時間前。その時点で、監督だけがグラウンドにいることになる。片貝は焦ったのだが、あるコーチは「勝手にさせときゃいいよ、そういう人だから」。

それでもやっぱり、ちょっと早めに片貝も球場へ向かうことにした。

すると高木は、自らグラウンドに白いラインを引き、マシンをセットして、トンボでグラ

ウンドをならしていた。

「おい、バント練習からやるからな」

片貝は、驚くと同時に、呆れる思いもしたという。

「それなら昨日言ってくれよ、ってことですよ。でも自分で全部やっちゃうんです。『変更する』とは言わないで、自分で行ってやっちゃうの。だから、こっちは振り回される。『やっとけ』じゃないんですよ」

すべて自分で抱え込むのだ。あれこれ言うくらいなら、自分がやった方が早いとばかりに一人でやってしまう。これを組織の長たる人にやられると、実は部下が困るのだ。

球団から「交際費を使ってください」

星野が、それこそ惜しみなく使った「交際費」も、高木は球団から引っ張ってこようとすらしなかった。

必要な経費は、自分のポケットマネーから払うからだ。

あまりの潔癖ぶりに、球団の方から「予算がありますから、ある程度は使ってもらった方が、こっちもいいんですけど」と〃経費利用〃を促されたというエピソードすらある。

現役時代も、甲子園３連戦が終わると「帰るわ」と、タクシーで名古屋まで帰ることもあった。食事会で球団首脳や財界関係者が一緒でも「自分が食べ終わって、お腹いっぱいになったら『失礼します』って帰っちゃった」と片貝は仰天の一幕を目撃している。

「俺は高木さんの性格を知ってるから『そういう人だ』って言うんだけど、星野さんとは好対照だよね。自分の中でいろいろ考えているんだけど、人に命令はあまりしない。全部自分で抱えるんですよ」

グラウンドでも、高木の行動に片貝はたびたび驚かされたという。若手選手がマシンに自らボールを入れ、一生懸命に打撃練習をしていた時のことだった。

突然、高木がマシンの方向へ向かうと、スイッチをオフにしたのだ。

「こんな打てないやつ、いいよ」

そう言い残すと、高木はすたすたと帰っていった。

「どう思います？『アンタ、なんでできないの？　こうできるじゃない？』ってね。いやいや、ファームでは２０００本安打も打つ人はいないんですよ。『貸してみろ』って、バットでコンって打って『できるだろ、アンタ、こんなの簡単じゃない』って」

天才肌の職人には、努力を重ねて成長していくという歩みが、まどろっこしく見える瞬間が、あるのかもしれない。

岐阜の人だから「アンタ」

ここで、岐阜で生まれ育った東海ラジオのアナウンサー・大澤広樹の証言を借りよう。

「親世代は、やっぱり高木守道なんです。星野さんもすごいんですけど、岐阜の人ってやっぱり、高木守道がスーパースターなんですよ」

岐阜では、相手に呼びかける時に「アンタ」。

だから高木は、選手にもごく普通に「アンタ」と呼びかけていた。

これを「すごく冷たく感じる」と、ふとボヤく選手が多かったことを、岐阜出身の大澤は覚えているという。

「高木さんが選手のことを『アンタ』って、それがイヤだっていう選手がすごくいたんですよね。でも、岐阜の人って『アンタ』って言うんですよ。だから、本人は悪気がなくて普通に言ってるだけなのに、それで嫌われていくというか、離れていくというのは悲しかったですね。岐阜の人なら『アンタ』って言うでしょ、って、岐阜の人も気づく、名古屋の人も気づく。『まあ、あの人、岐阜だから』って」

確かに「アンタ」という呼びかけは、冷たいイメージを帯びている。しかし、そこがまさしく〝地元の機微〟に関わってくるところなのだ。

むしろ、選手を「アンタ」と呼ぶ高木は、岐阜らしさを醸し出しているのだ。

地元との付き合いを重視した高木

中日の場合、浜松、岐阜、掛川、豊橋など、中日新聞の販売エリアでもある地域で公式戦が設定される。その試合前日には販売店が中心となっての激励会などが行われ、そこに監督や主力選手が挨拶に訪れるのが慣例でもあった。

星野は、当たり前のように出席した。

落合は「契約書にないだろ」と一切やらず、選手にも「試合の負担になる」と出席させなかった。そうした非協力的な態度に、支援する側の方が硬化し、連覇しながら観客動員が落ちていったという〝負の流れ〟も遠因となり、２０１１年に球団史上初の連覇を果たしながらも、監督を退任することになることは、後の章でその背景を改めて説明する。

高木は、復帰直後に「やるよ」と、落合がやらなかった激励会への出席も再開している。

岐阜生まれ、岐阜育ち、中日一筋。

〝地元の付き合い〟が必要であることを、後づけではなく、それこそ地元の感覚として分かっているから、何の違和感もなく、何の疑問も持たずに出席するのだ。

決して、愛想がある方ではない。

星野のように、ショーマンシップにあふれたタイプでもない。

「落合は、一切やらなかった。『俺は野球を勝たせるために来てるんだ』ってね。でも守道さんはやってたんです。あんなわがままな守道さんでも、ちゃんと行ってやってました。守道さんは岐阜だし、地元の中小企業のおじさんたちとも付き合いが多いし、少年野球もまめに見て、野球教室もやっていた。奥さんも実家が愛知だしね」

そう語る片貝は、営業部にいた経験もある。だから、そうしたバックヤードへの協力を惜しまない高木の姿勢に、中日の監督としての必須条件を見たわけだ。

落合の後を受けて2度目の監督に就任すると、高木は〝地元との触れ合い〟を改めて重視した。落合政権下ではOB会長でもあったから、地元の反応は分かっていたのだ。

「ちょっとは、やりますよ」

遠慮気味に言いながら、17年ぶりに70歳で中日のユニホームに袖を通した高木は、沖縄・北谷キャンプで、球場と室内練習場の間を車ではなく、自転車に乗って移動した。

走って追いかけてくるファンが「サインください」と頼むと、その場で止まって、丁寧にペンを走らせていた。

求められていることが、分かっていたのだ。

山﨑の引退宣言にも「あ、そう」

高木は６年の監督生活の中で、優勝経験がない。

「国民的行事」と巨人・長嶋茂雄がぶち上げ、勝った方が優勝という１９９４年10月８日の中日対巨人戦は、ＮＰＢ（日本野球機構）が２０１０年、当時の監督、コーチ、選手の全８５８人を対象に行ったアンケート調査で、「最高の試合」の１位に選ばれている。

２期目の１年目、２０１２年にリーグ２位。クライマックスシリーズでアドバンテージの１勝を持つ巨人を相手に、いきなり３連勝。あと１つ勝てば下克上での日本シリーズ進出という時に、高木は投手コーチの権藤博と投手起用を巡って対立。そのゴタゴタが響き、そこから巨人に３連敗を喫し、日本シリーズ出場を逃した。

高木は、監督としてのビッグチャンスを、２度もフイにしているのだ。

「高木さんは、こうしろ、ああしろ、なんて言う人じゃなかった。だけど、自分の理想を追い求めるのが一番強かったのは高木さんだったよ。エンターテイナー性は星野さんだったし、高木さんはどっちかと言えば地味って言われるよね」

山﨑は、その〝地味な高木〟の熱きシーンを、何度となく見ているという。

「高木さんは、バッター的な考えなんだよね。例えば三振について、野村（克也）さんもそうだったけど、野手って、自分の気持ちが分かるから我慢するんだよね。でも、星野さんは三振をすごい嫌がる監督だった。

逆に高木さんは、（ピッチャーが）打たれたらすぐ『はい、交代、交代』って言って、交代させてしまう監督だったよね。我慢できないんですよ。バッターには我慢するのに、ピッチャーには我慢ができない。星野さんはピッチャーに我慢して、野手には我慢できない。星野さん、ピッチャーにはキツイ言葉を掛けても、最後は情けをかけるんだ。『お前、ここを乗り切らんかったら、一丁前にならへんから、行け！』ってね」

だから高木は、年上の権藤と対立したのだ。

常に冷徹な表情で、紳士然としながら、負けるとすぐに怒りが頂点に達してしまう。

山﨑が現役引退を決意したのは２０１３年7月26日の巨人戦（ナゴヤドーム）。５回に代打で空振り三振を喫すると、その試合後にコーチから「2軍降格」を伝えられた。

その年、２度目となる２軍降格に、潮時が来たのを感じた。

山﨑は、監督室のドアをノックした。

「監督、今年で引退します」

最後に、中日に戻してくれた恩人だ。

そのけじめをつけるため、山﨑は高木に直接、自分の決意を伝えに行ったのだ。

「あ、そう」

その試合に敗れて、怒り心頭だった高木は、もうそれどころではなかったのだ。

「普通だったら、俺も27年やったから『あー、そうか、ご苦労さんだったな』って言うじゃないですか？　それがない。そういう人なんだよ。何の悪気もないけど、自分が今、思っていることを言っちゃう。『あ、そう』って言われて、何だこれ、って思ったもんな。だけど、それが高木さんらしいなと。別に高木さんに恨みつらみもないけど、ジャイアンツ戦で負けて、もう頭がちんちん（非常に熱い状態の意）だったからね。でもね、人生でも最大のね、野球にピリオドを打つ時に『あ、そう』って言われたら、おー……ってなるよね」

チームの振り子が振れ過ぎたときの〝戻し役〟

星野の後に高木が監督をして、高木の後に星野が帰ってきた。

落合の後に、高木が監督に復帰した。

個性の強い星野と落合が〝振り子〟を大きく振り、チームを変えるのだが、それが振れ過ぎてしまった時、その均整を取り直すかのように、高木が戻ってくる。

星野が初めての監督に就任したのが１９８７年。そこから立浪2年目、２０２３年までの37シーズンの監督は、星野が11年、落合の８年に続くのが、高木の6年だ。

星野の死から2年後の２０２０年1月、78歳でこの世を去った岐阜生まれの「2代目ミスター・ドラゴンズ」こと、高木守道は、中日の〝空気〟をよく知る、正真正銘の「フランチャイズ・プレイヤー」であった。

だからこそ、事あるごとに必要とされた男だったのだ。

第6章　連覇でも退任した理由

監督生活8年で、日本一1回、リーグ優勝は4回。

「オレ流」と呼ばれた落合博満は、もはや名将の域に達している。２０１０、11年には球団史上初のリーグ連覇を成し遂げた。

それでも、契約満了を理由に落合は２０１１年限りでユニホームを脱いだ。

勝った、しかも勝ち続けたというのに、契約は更新されなかったのだ。

強いのに、人気が落ちていく。

観客動員という指標が、顕著にそのことを物語っていた。

日本一に輝いた２００７年が２３９万５３２人。翌２００８年は２４２万７８０５人。これをピークに、落合中日の観客動員は年々落ちていく。

２００９年、２２９万８４０５人。

２０１０年、２１９万３１２４人。

２０１１年、２１４万３９６３人。

勝てば、お客さんが増える。

それが、プロ野球における常識の〝はず〟でもある。しかしこの数字では、強い「落合中日」の不人気ぶりが、年々高まったと言わざるを得ない。

「勝つことが最大のファンサービス」

それが、落合が唱え続け、貫き続けた信念だった。

ところが２０２３年、２年連続最下位という球団初の屈辱を味わいながら、中日の観客動員数は２１８万３９５０人を数えた。

連覇の落合より、最下位の立浪の方が〝名古屋の支持〟を得たことになる。

勝ったのに、なぜ――。

その「最大の謎」を探るために、私がまず頼ったのは〝落合の同級生〟だった。

楽しそうに見えなかった落合中日

昭和28年生まれだから「28《ニッパチ》会」と呼ばれている。

そのメンバーに、監督経験者が5人もいる。

中畑清、真弓明信、梨田昌孝、田尾安志、そして落合博満。

同じ年で、ともに中日に所属した経験があり、後に監督を務めたこともあるという、実に似たキャリアを歩んできたのが、田尾安志だった。

田尾は中日の１９７５年ドラフト１位。４年連続３割をマークし、選手会長も務めていた１９８５年のキャンプイン直前、西武へトレードされる。

中日を去ることになったその経緯は、すでに第４章で言及した。

ここでは同級生・落合博満の〝監督としての手腕〟を、同じ監督経験者としてどう見たのかという、新たな視座がテーマになる。

「落合っていう監督が８年やって、ずっとＡクラス。優勝もした。やっぱり、名監督なんだろうなと思うんだけどね」

そう敬意を表した上で、田尾は「選手たちの表情が暗い」と、落合政権下での８年間の印象を、実に端的な表現で定義してくれた。

「外から見ていてね、野球をやっていて、楽しそうに見えなかったんだよ。僕らがやってた頃は勝ったり負けたりだったけど、野球をやること自体は楽しかった。『勝ったらいいんだろ』ということだったけど、落合はやっぱり、人気のない球団でずっと育った選手だったから、そこで何かをアピールするといったら『数字』しかない。だから、そこに走ったというのは、間違いじゃないとは思うんだよな」

ロッテ時代に３度の三冠王。それでも、当時のパ・リーグには日が当たらなかった。

しかし、観客が少ないからといって、その数字の価値は変わらない。勝負の世界は結果がすべてだ。たとえ注目度が低かろうとも、残した数字で選手は評価される。

だから、落合は打ち続けた。「オレ流」と呼ばれた孤高のバットマンは、誰もが認めざるを得ない、その圧倒的な記録で存在感を放った。

ただ、それだけ落合が打とうとも、ロッテは優勝できなかった。

FA決断の落合から「俺がいなけりゃ活躍できるよ」

山﨑武司はルーキーイヤーの1987年、キャンプで落合と同部屋の〝部屋子〟だった。

「あの人のすごさをね、僕も見てきているしね」

同じ右打者ゆえに、球団も落合に若き大砲候補を預けたのだ。

1989、90年に2年連続となるウエスタン・リーグの本塁打&打点の2冠王。1軍での初本塁打は、捕手から外野手にコンバートされた5年目の1991年。ゆっくりと、少しずつ力をつけながらも、1軍と2軍を行ったり来たりしていたその頃から、なぜかしら落合からの〝当たり〟が強くなったのを、山﨑は感じていた。

「あの人ね、ああいう性格だから、うじうじ言うんですよ。初めね、大豊（泰昭）さんをイビってたのよ。それで大豊さんもブチブチ言うわけですよ。それで1軍に上がってきた頃だったかな、何か知らんけど、俺をイビり出してね。何だ？　俺、部屋子だったんじゃねえの？　みたいな感じだったんだけど、まあ、勝手に言っとけやって思って、気にせずやっとったんですよ」

その落合が、ＦＡ権を行使して巨人への移籍を決めたのは１９９３年オフだった。

その年、山﨑はプロ7年目。1軍77試合で3本塁打を放ち、やっと、ちょっとだけ日の目を見た頃だった。

「広島だったかな。たぶん、宿舎のホテルで、ですよ」

山﨑は、落合から「ちょっと来いや」と呼び出しを受けた。

訝《いぶか》しがる山﨑に、落合はニヤニヤしながら話を切り出した。

「おー、お前、よかったな」

何のことか分からず、戸惑う山﨑に、落合はさらにこう続けたという。

「お前、俺がいなくなったら、活躍できるよ」

要するに、右打者の自分がいなくなったら、後釜はお前だというわけだ。今になって思えば、山﨑のその後を予見していたかのような〝後継指名〟でもある。

「俺、その時、まだ１軍半で行ったり来たりで、結果も残してない。タイトルも獲る前ですよ。それなのに、あの人にそう言われたのを覚えてるんだよ」

山﨑が39本を放って本塁打王に輝いたのは、その３年後の１９９６年だった。

主砲と呼ばれる立場になって初めて、落合の〝言動の意味〟が分かった。

「今思うとね、イビる人、知っとるのよ、あの人。怖いでしょ。見てるところはやっぱり見ている。そのうちこいつは出てくるな、ってね。ボクシングでいえば、ずっとジャブを打ち続けておくわけですよ。ジャブを打ち続けるけど、ガーンとは行かへんのですよ」

そうやって〝出てきそうな杭〟をけん制し、抑え込んでおいたわけだ。

ちなみに、大豊が本塁打、打点の２冠王を獲得したのは、落合が中日からいなくなった後の１９９４年のことだった。

選手の能力を見抜く〝落合の目〟は、それだけ鋭いのだ。

プロ野球は「勝つだけじゃダメ」

終盤のタイトル争いになり、優勝争いから脱落した相手チームにライバルがいると、投手が打たせないように勝負を避けてくることが目立ってくる。

それは、プロとしてひきょうだ。もっとフェアにやるべき。

そんな建前論に、落合は冷ややかな表情で、私たちをたしなめたものだ。

「それまでに打って、上にいっとかないから、こんなことになるんだよ」

そのシビアさこそが、プロフェッショナルだ。しかし、そこには、血の通った温かさのようなものは、残念ながら感じられない。

プロ野球は「興行」でもある。ファンを楽しませて、なんぼ、という世界でもある。

星野は中日監督11年で、リーグ優勝は2度。中日での日本一はない。

監督としての実績は、どう見ても落合の方が上だ。それでも、名古屋の絶大なる支持はこの世を去ってからも、星野仙一という男を常に際立たせている。

その差は、どこにあるのだろうか。

２００５年、新規球団の楽天で田尾は「初代監督」を務めた。

近鉄を合併・吸収したオリックスと楽天の間での「選手分配ドラフト」は、新生オリックスがまず25選手をプロテクト。そこから外れた選手を、楽天がまず20人、続いてオリックスが20人、再び楽天が20人指名するという方法だった。

そのオリックスと近鉄から〝溢れた選手たち〟には主力級や若手の有力株が少なく、20代後半から30代の中堅、ベテランに偏っていた。はっきり言えば寄せ集めのチームだ。

「必ず最下位になる覚悟だった」

田尾は当時の思いをそう振り返った。だからこそ痛感したことがある。

「楽天で1年間、監督させて頂いて感じたのは、やっぱりプロ野球は勝つだけじゃないんだ、っていうね。それをものすごく身をもって感じたんだよ。やっぱり、ファンの人たちにどういう風にこのチームを愛してもらうかということを、フロントも含めて首脳陣も考えないといけない。弱かったら弱いなりに、何をお見せできるんだろうっていうね。そういうものを、もっと真剣に考えないといけないと思うね」

仙台での1年目。予想されたように勝てなかった。

それでも、仙台のファンに楽しんでもらいたい。田尾はどんなに負けても、どんなゲームの後でも、試合後の監督インタビューを一切断らなかった。

「これ、当たり前やと思うんや。やっぱり、現状を皆さんとともに分かち合いたいというかね、みんなで創りましょうよ、このチームを。そういう感覚だと俺は思っていた。今、楽天は弱いけど、これ以上弱くなることは絶対にない。だから、この1年目の一番弱いチームを見られるファンの方々は幸せですよって、俺は思ってたんだから。だってこれから、必ず強くなる。1年目、こんなに弱かったんだよ、っていうのを、自分の子供や孫に話ができる。中日にも、そういうチームになってもらいたいねん。

やっぱり『おらがチーム』なんです。我々もチームなんだと。三木谷（浩史・東北楽天オーナー）さんにも言ったんだけど、自分の持ち物だと思わないでください、50％はファンの人たちのものですよと。中日だって半分はファンの人たちのものだという意識でいろいろなことを考えてもらわないと、自分たちの利益ばっかりを考えていくと、違った方向に行きますよと。だから、俺は迷った時に何を指標にするかというと、ファンの人たちはどっちを選ぶのか、どっちを望むのかということなんですよ」

落合とは、その〝目線〟が、違ったというのだ。

岩瀬ベンチ外を問うと「それは新聞社に関係があるのか？」

私は２００６年から2年間、落合の番記者を務めた。

夫人の信子さんから、思いも寄らない、こんな助言を受けたこともある。

「思い切って落合の懐に飛び込んでごらんなさい。案外、広いと思うわよ」

力不足なのか、その〝狭い入り口〟を、私は突破し切れなかった。

落合の試合後の会見は、一種、独特の緊張感がみなぎっていた。一度、試合の流れについて質問をした際、落合から立て続けに〝逆質問〟を食らったことがあった。

「そうだろ、な。お前はどう思った?」

それに答えても「そうだろ」。

さらに問いを重ねても「お前はどう見たんだ?」。

その見解を答えたら「そうだ、お前もそう思ったんだろ。じゃ、そう書いておけ」。

甲子園での阪神戦、2007年4月11日は、延長12回引き分けに終わった。

ビジター球場では、延長・同点のラストイニングにはストッパーを出すのが定石だ。ところがその日、岩瀬仁紀がインフルエンザに罹患し、ベンチを外れていたと〝いう〟ことだったらしい、という情報が、試合中に伝わってきた。

ベンチ入りメンバーの用紙には「入っている」の意味の「○」がついている。

落合政権下では基本的に「敵に優位になる情報」は一切出さない。

試合後、三塁側ベンチから、宿舎ホテルに向かうバスに乗り込むまでの動線は、番記者でごった返していた。歩きながらの〝ぶら下がり取材〟は、当然ながら岩瀬のことになる。

「岩瀬が、ベンチに入っていなかったんですか?」

確認の質問に、落合はこちら側を一切見ずして、呆れたような声でこう答えた。

「それは新聞社に関係があるのか？」

心が、折れてしまいそうになることが何度もあった。

親しく、突っ込んで野球の話ができるような強い関係などは築けなかった。多くの記者が落合を取り囲んでいるその輪の大外から、その動きを見るしかできなかった。

ある時、落合にこう言われたことがある。

「シーズン中、休むな。流れが分からなくなるだろ？　ずっとついてこい。試合、全部見に来いよ。そうしないと、試合の原稿なんか書けないだろ？」

「サラリーマンですから、休まないといけないんですよ」

「そんなもの、シーズンオフに休めばいいだろ。シーズン中は来い」

その勧めに、乗っかるだけの勇気も根性もなかった。

だから、落合番としては〝落第生〟だ。それでも、あの人は不思議なことに、そんな落ちこぼれの記者のことですらも、ちゃんと見ていてくれた。

最後の会話は「栄転じゃないか」

担当最後の日は、２００８年3月13日。甲子園でのオープン戦だった。

実は会社の都合で、私が名古屋を去るタイミングで、いったん名古屋駐在の記者を置かなくなることが決まっていた。

大阪へ戻ったら、サンケイスポーツから産経新聞運動部へ異動することも決まっていた。

落合には、もちろん話していない。そういうことを話せる間柄でもなかった。

監督付広報の松永幸男（現球団本部スカウト部長）に、挨拶に出向いた。

「監督、心配してるぞ」

甲子園球場の三塁側ベンチへと向かう、関係者用の通路を落合が歩いていた。その背中を追った。後ろから、話しかけた。

「監督、お世話になりました。今日で、担当最後です」

「お、それで、お前、大丈夫なのか？」

なぜ、知ってるんだろう？　そう思いながら、異動することを告げた。

すると、落合の足が止まった。振り向いた落合は、笑っていた。

「そうか、よかったな。栄転じゃないか」

それが、別れの言葉だった。

というより、落合と個人的な話をした、最初で最後の瞬間だった。

こんな人だったのか……。

もっと、思い切ってぶつかっていけばよかったんだろうか……。

不思議な思いがした。

あの人から、独自のコメントはほとんど引き出せない。だから、必死に野球を見た。それで必死に原稿を書いた、というより、そうするしか生きる道はなかった。

それで、気づかされることはたくさんあった。

じっと、とにかく一生懸命見ていれば、何かしらのわずかな変化に気づくようになる。そうすれば、聞かずとも原稿の視点ができるというのも、新たな発見だった。

親しい関係は築けなくとも、野球の見方は確かに教わった。

だから私は〝野球界の師〟を聞かれたら、王貞治、岡田彰布、そして落合博満の「スリー・オーです」と、その名を挙げることにしている。

落合の残念なところは「あの暗さ」

その温かさは、普段全くと言っていいほど伝わってこない。

喜怒哀楽、表情を一切出さない。情報を漏らさない。

それは、内を守るために、外を徹底的に排除するという、指揮官としてのシビアさなのだろう。そこには一切、指揮官の感情は見えてこない。

星野のように笑い、怒鳴り、暴れ、そして泣く。

そのエンターテインメント性が、落合中日には一切感じられなかった。

田尾が指摘するのは、そこなのだ。

「落合のやり方で、僕が一番やっぱり残念なのは、あの暗さなんだよね。あの暗さを、ファンの人たちがどう見るか、というところだよね」

星野も高木守道も、岐阜や豊橋、浜松といった親会社の中日新聞社の販売エリアでの主催ゲーム前には、地元の販売店などが主催する激励会に出席し、挨拶をし、親交を深めた。

東海地方のあるスポンサー企業は、毎試合のようにバスで社員が観戦ツアーにやってきたという。星野はそれを出迎え、会社の幹部にも挨拶に出向いたという。

落合はそういう儀礼的なことを、一切やらなかった。

それは、野球に専念するためには必要がない。契約書にも書かれていないという、落合なりの理由がきちんとあった。

ただ、そこで大きなハレーションが起きた。

そうした付き合いを一切やらなかった落合への反発から、複数のスポンサー企業が年間予約席の購入を控えたいという〝撤退〟を示唆する動きを見せたことがあった。

それが２００６年。落合政権下で２度目のリーグ優勝を果たした時だ。

不穏な動きを感じて、当時のオーナー・白井文吾《ぶんご》の自宅に〝朝駆け〟をして、続投がなかなか発表されない理由を直撃したこともある。

「挨拶やろ？　行かなかったんだろ。それで、スポンサーの方が行かない、やめるって」

田尾にも、そうした水面下の動きが耳に入っていたという。

「監督って、そこも大事やと思うねん。やっぱり、スポンサーがあり、ファンがあってやっていける職業なのね。そういう発想があるのかないのか。結果残しゃいいんだろっていうだけじゃ、ね？　弱いチームを預かったから、俺はそれをよけいに感じるんだよね」

弱いチームが下手で頑張っているのも〝売り〟

楽天１年目は38勝97敗１分け。首位から51・５ゲーム差。

田尾はその不成績を理由に、３年契約の１年目で解任される。

それでも田尾の明るさと、チームに対する情熱からだろう。仙台のファンから解任を反対する声が高まり、ラストゲームでは最下位だというのに、選手たちから胴上げされた。

絶望的な数字の中で、田尾は「プロ野球の本質が見えたような気がした」という。

「弱いチームを見て、まだプロ野球のレベルじゃないチームを1年間預かって、やってみて、ああ、こういうものなんだな、ということがね。あんな弱いチームでも、応援してくれるわけですよ。なんで応援してくれるんだろう、ってね。やっぱり、下手だけど、みんなものすごく頑張っているな、って、そういうのも売りなんだね」

だから、落合の「冷たさ」が、気になって仕方がなかった。

そこが、名古屋で受け入れられなかった。いや、名古屋でなくても、プロ野球というエンターテインメントの中では、ただ勝つだけでは、何かが足りないのだ。

勝っても、お客さんが減っている。

福留孝介は、落合政権下でのプレーを経験している。

「多分その頃は、一番脂が乗っている選手が多かったというのもあるけど、個々が自分で自分のことをすべて行えるくらいの選手が多かったから、周りがどうのこうのというのは気にしたことがなかったですね」

福留をはじめ、荒木雅博、井端弘和、立浪和義、森野将彦、中村紀洋、谷繁元信、タイロン・ウッズ、川上憲伸、山本昌、岩瀬仁紀。

名前を挙げていけばキリがない。記録にも、記憶にも残るそうそうたるメンバーが揃っていた。それを束ねて、力を発揮させたのは間違いなく落合の手腕でもある。

落合政権下で、2月のキャンプは「6勤1休」のハードスケジュールだった。故障を避ける、あるいは週末の観客動員を考慮し、「3勤1休」や「4勤1休」を組み合わせての1カ月間というのがスタンダード。しかし落合の方針は、そうした要素は一切関係ない。

「シーズンに入ったら、6連戦で月曜が休みだろ?」

だから6勤。シーズンの流れを踏まえて、スケジュールを組んでいるのだ。

練習内容も半端じゃなかった。練習が終わるのは、日の長い沖縄なのに、日がとっぷり暮れた後。北谷の球場前にはショッピングモールがあり、その一角にかつて「観覧車」があったのだが、その観覧車にナイター営業用のイルミネーションが灯っても、まだ中日は練習をしていた。

ノックを打ち続けても動かない右足

サブグラウンドで落合が打ち続けるノックは、全体練習のメニューが終わる午後3時頃からの個別練習での名物シーンにもなっていた。

「ダメだと思ったら、グラブを地面に置け。それで終わりにするから」

そう落合が言っても、森野は受け続けた。男と男の意地のぶつかり合いとは、こういうことなのだろう。宿舎に戻った森野は、脱水症状で病院に運ばれたこともあった。

荒木や井端に対しても、足を運ぶスピードを緩めれば捕れないが、全力で追えば捕れるような、絶妙のコースに打ち分けた。

そのノックを、ぼんやりと見つめていた時だ。

「右足、見てくださいよ、あの人の」

そう耳打ちしてくれたのは、練習が一区切りついていた福留孝介だった。

右打者の落合は、軸足となる右足が動かないのだ。ボールを受ける時も、スイングする時も、選手に声を掛ける時も、その右足はずっと同じところにある。

「ブレへんでしょ？　だから、全然疲れないんですよ」

がみがみ言うわけでも、声を荒げることもない。

淡々と打ち続ける。しかし、そこに一切の妥協はない。

マシン打撃を3時間。若手選手が気合を入れるためなのか「うりゃ」「おー」と、1球ごとに、悲痛な叫び声を上げていた。

「あんなことしてるから、力が抜けちゃうんだ。分かんねえのかな？」

それを分からせるために、打たせ続けているのだ。

左手首の度重なる手術のせいで左手の握力が弱かった中村紀洋は、バットのグリップエンド部分にテーピング用のテープをぐるぐる巻きにしていた。グリップエンドを太くすることで、インパクト時に左手が受ける衝撃を弱めるためだ。

「それはよくないんじゃないか？　外した方がいいんじゃないか？」

落合からの助言で、中村はテープを外したバットで打席に立った。

しかし結果が伴わず、しかもインパクトの衝撃で、左手に違和感が残った。ただ試した上で、もう一度テープを巻いた後からは、落合は何も言わなかったという。

そうした猛練習や細かいアドバイスを通して落合イズムが浸透し、さらに旬の時期を迎えていた多くのスターたちがいたからこそ、落合中日は無類の強さを発揮したのだ。

なのに、観客動員が伸びない。スポンサーからの〝受け〟も悪化しつつあるといえた。

「まだその頃、強かった時代はそこまでではなかったのかな？　まだお客さんが入っていたかな、という思いはあるけど、阪神に比べるとね。（中日優勝の）合間合間（２００３、２００５年）に阪神が優勝してるでしょ？　僕らはその時の甲子園の雰囲気を知っているわけじゃないですか。勝てばこんなに人が入る、でも負けたらひどいよな、みたいなね。それがはっきりしているじゃないですか」

甲子園で感じた〝熱〟を、福留はあの頃の名古屋で感じられなかったのだ。

星野の下で３年、落合の下で４年、福留はプレーしてきた。

「その人の中での当たり前が、周りの人からしたら当たり前じゃないところもあるじゃないですか。星野さんは、自分の当たり前じゃなく、その地域、その場所での当たり前を通してきた。そんな気がする。星野さんってホントにこの名古屋という地を理解してやっていた。タイガースに行った時には大阪の、楽天に行った時には東北の地域性を理解していた。だから中日の監督、阪神の監督、楽天の監督の時、全部別人ですから。でも落合さんは、自分のやってることが当たり前。それを押し通したんです」

荒木雅博、井端弘和の〝アライバコンビ〟も、落合の猛ノックと高い打撃センスで成長してきた森野将彦も、落合政権下でのエースだった川上憲伸も、チームリーダーだった立浪和義、そして福留孝介も、星野政権下のドラフトでプロ入りした選手だった。

福留孝介を外野へコンバートし、谷繁元信がＦＡで横浜（現ＤｅＮＡ）から移籍してきたのは、山田久志が監督の時だ。

星野が種をまき、山田が水をやり、いよいよ花を咲かせようという時期だった。

その〝旬〟を見逃さず、力のある選手たちに、猛練習という肥料を与えて、さらに成長させた。その手腕には恐れ入る。

落合には名古屋への〝愛〟が感じられなかった

ちょうどその頃から、選手の「アスリート化」も進んだ。

一晩中酒を飲み続け、試合前の練習で「酒を抜かなきゃ」とウィンドブレーカーを着て汗を出す。そんな酒臭い選手がかつては本当にいた。

しかし、今やそんな汗の出し方をすると、脱水症状になるといわれる。そもそも、深酒をした翌日に試合に臨むような選手がいなくなった。

だから、昔は面白かった、というのではない。

プロとして、求められる技術が高くなった。かつてなら、投手で１５０キロに乗れば「速い」と言われたのに、いまや、投手の１５０キロ台は当たり前。機械でつけた筋肉は硬くて、野球に適さないといわれていたのは、それこそ20年前。いまやウエートトレーニングで体を大きくし、筋量を増やすことで、打者はスピードボールを打ち返す。

そのための体作り、コンディションの維持が何より重要視されるようになったのだ。

落合が、野球〝だけ〟に徹した信念と、変わりつつあった選手の気質が、ピタリとうまい具合にハマったともいえる。

第2章で紹介した元捕手の片貝義明は、営業部に所属したこともある。

だから、落合に〝興行〟の視点が全くなかったことを、痛切に感じていた。勝利を追い求めるシビアさが行き過ぎたせいで、反対に名古屋での支持が得られなくなったのだ。

「お前らは、野球だけしとけばいい。ファンサービスは球団がやるんだって、はっきり落合は言ったからね。目的意識としてはそうなんだけども、プロ野球なんだから、興行でしょというところからは、ちょっと外れるんだよね。そういうのも、必要なんですよ。勝てばいい、っていうもんじゃない。そういうところは、落合に欠けていたというか、分かっててもやんなかったのかもしれないですけどね」

第3章で詳述した星野仙一の監督付広報・金山仙吉も、はっきりとこう語る。

「落合さんは、『そういうのは契約に入ってない』って言うでしょ？　契約に入っていないけど、ウチの親会社は新聞だから、販売店ってものすごく大事なところ。それで、監督が（激励会などに）行くことによって、部数が増えたりするんだから、会社が最初に『こういうのがあるけど、行ってくださいね』って言っとかないと。だからドラゴンズも悪いのよ。でもね、簡単に言えば、落合さんは自分さえよければええんだわ。チーム愛、ドラゴンズ愛が全くない。あの人は、完璧にビジネスだわな」

連覇したのに、契約切れを理由に監督の座を退任することになった。そして、連覇した監督の後に、優勝経験のない70歳・高木守道を監督に据えた。

それが、中日という球団の選択だった。

落合になく、星野と高木にあったものとは、何だったのだろうか。私なりの推論を、この章の締めくくりとして記してみたい。

名古屋という〝地域の機微〟を感じ取り、それを理解する姿勢ではないだろうか。

岡山出身のアウトサイダーだった星野は、その努力を惜しまなかった。

岐阜出身の高木には、生まれながらにして身についていたともいえる。

それを名古屋への『愛』とでも表現すればいいだろうか。

落合は、そうした曖昧な、ある種の甘さに繋がるような「地元特有の意識」を排除しようとしていたのかもしれない。

ひたすら勝利に徹した名将が、わずかでも「人間味」と「喜怒哀楽」を表に出し、名古屋の人たちと心を通じ合わせようという姿勢を、ほんの少しだけでも見せていれば、監督としての運命も、そして中日の〝その後〟も変わっていたのかもしれない。

第7章 「5年先」か「今」か

サンケイスポーツでの野球記者時代、私が「アマチュア野球」を担当していたのは１９９７年からの３年間だった。高校、大学、社会人の各カテゴリーで、毎秋のドラフト会議で指名される可能性が高い有望選手たちが取材のターゲットになる。

有力選手の視察にやってくる各球団のスカウトたちに評価を聞き、その選手本人への取材と合わせて「プロ注目選手」として記事にする。私は関西を中心に担当していたから、もう何人の〝阪神の恋人〟を乱発したのか、覚えてないくらいだ。

余談はともかくとして、ドラフト１位での入札で複数球団が競合するような大物や、２、３位の上位指名候補であれば、それこそ私が見ても、そのすごさはある程度分かる。野球の専門雑誌や他のスポーツ紙にも、そうした有望株のキャリアの紹介や略歴付きで多くの記事が掲載されている。

案外と困るのが、下位指名候補だ。このあたりの選手だと、上位指名の選手のように総合力ではなく、どこか光る一芸や、鍛えれば伸びるかもしれないという高いポテンシャルを持っているとか、故障上がりで評価が難しい選手が増えてくる。

こうなってくると、ちょっと試合を見ただけでは、その選手の魅力が分かりづらい。

私はこうした隠れた逸材候補に関して、どこかの球団が獲る・獲らない、自分が原稿にする・しないは別にして、プロの目でどの部分に着目して、評価しているのかを聞きたい時に頼った一人が、中日のスカウト部長時代の中田宗男だった。

この人の〝見抜く目〟は、実に確かだった。

時には「ウチは獲らんけどね」とはっきり前置きした上で、その選手の特徴を指摘してくれた。ドラフトで指名されるかどうかのボーダーライン上の選手については、「この辺の技術がどう伸びてくるかがカギやろうね」と、その後を追いかけていくためのヒントもくれた。

中田宗男氏

「中田は親戚」の怪情報を自ら流して逸材を確保

選手を獲得するための〝下地作り〟にも、実に抜きん出たものがあった。

すっかり騙されたのが、２００４年のドラフト２位、北九州市立大の右腕・中田賢一（現ソフトバンク１軍投手コーチ）を巡る争奪戦の時だった。

当時はドラフトに「自由枠」があり、大学生と社会人が対象だった。

後に監督時代の落合博満が、荒れ球ながら威力あるストレートを評価して「暴れ馬」の異名をつけた剛球で、落合中日がリーグ2位からの下克上で、53年ぶりの日本一に輝いた２００７年にはチーム最多の14勝をマーク。その後もソフトバンク、阪神と渡り歩いたプロ16年間で通算１００勝を挙げている。

中央球界では無名でも、そのポテンシャルは高く、地元のソフトバンクをはじめ、中日以外の複数球団も獲得に名乗りを上げてきた。

中日も本当なら「自由枠」を活用して、中田をまず確保しておくのがベターな選択だ。

ただ、その年の目玉は東北高・ダルビッシュ有（日本ハム1位、現サンディエゴ・パドレス）、横浜高・涌井秀章（西武1位、現中日）と「逆指名」ができない高校生投手だった。

逆指名枠で大学・社会人の指名を確定させると1位指名はできないルールだったから、競合必至の2人の1位指名はその時点で諦めざるを得ない。他球団との駆け引きもあり、最後の最後まで「１位」で高校生を指名できる余地を残しておきたかったのだ。

最終的に中日は、当時の監督・落合博満の希望もあり、ＪＲ九州の左腕・樋口龍美（現中日1軍総務）を自由枠で獲得。中田を2巡目で指名する戦略を取ることになった。

中田は、中田賢一が他球団に横やりを入れられないように〝怪情報〞を流した。

「北九州市立大の中田賢一は、中日の中田スカウトの親戚らしい」

実はこの話、私は最初に他球団のスカウトから教えてもらった。

「だから、ガチガチみたいなんや。ええピッチャーやけど、中田さんの身内だから、なかなか獲るのは難しいわ」

あちこちで、早々と〝ギブアップ宣言〞が上がっていたのを耳にした。

その夏の甲子園、高校野球を視察中の中田に、高校生の評価を聞いたついでに「親類がいるみたいですね？」と確かめてみた。

「おー、北九州のな。あれ、親戚や。ええピッチャーやぞ」

そう言いながら、笑っていた。真相を教えてくれたのは、ドラフト後だった。

「ホンマは、違うかったんやけどな。でも、苗字一緒だから、ちょうどええやろ。そう言っとったら、ヨソも手を出さんやん」

そういう〝三味線〞も弾ける人だった。

スカウト生活38年、星野、高木、落合3監督との25年

逆指名時代のドラフトでも、日本生命・福留孝介のもとへ日参して「ドラゴンズ、というのを印象づけてくれたのは、中田さんです」と福留は、今もなお、中田への感謝を惜しまない。ＰＬ学園・立浪和義の評価を当時の監督・星野仙一に聞かれると「守備ならすぐに使えます」。その中田の〝自信の断言〟を受け、星野は１位指名を最終的に決断したという。

スカウトとして、手腕も目も実に頼りになった。

だから、中日の本を書くことになった時にまず思い浮かんだのが、第３章で紹介した星野の監督付広報だった金山仙吉と、この中田だった。

「取材はええよ。でもな、俺も本、もうすぐ出すんよ。企画の内容がかぶってるんとちゃうかな？　大丈夫？」

２０２２年１月に38年間のスカウト人生にピリオドを打ち、その後は他球団からの誘いも断っている中田が、初の著書『星野と落合のドラフト戦略』（カンゼン）を出版したのは２０２３年10月のこと。中日のドラフト戦略の裏話をまとめた一冊はページをめくる手が止まらず、一晩で一気に読んでしまったほどの面白さだった。

ただ私の取材は、その出版直前の９月20日。話を聞いた後、中田の本を読ませて頂いたの

だが、インタビューの内容は「これ、書かなくてよかったのかな?」というような〃中田本にはないネタ〃にあふれていた。

それはきっと、中田の気遣いだったのだろう。

それにしても、話し出したら止まらない。こちらも聞きたいことだらけで、中日のみならず、他球団の選手の話も出てきての野球談議はとどまるところを知らなかった。

昼過ぎに会ったのに、終わったら、もうすっかり日が暮れそうになっていた。

38年間のスカウト生活のうち、星野、高木、落合、３監督のもとで25年。その濃厚な四半世紀をスカウトとして見続けてきた中田の冷静で、かつ熱のこもった分析は、ドラゴンズのまさしく歴史秘話でもある。

現役生活1勝投手の〃ドラゴンズ愛〃

２０１６年３月に発行された中日新聞社の『中日ドラゴンズ80年史』。

その巻頭は「激闘80年」のテーマでまとめられ、公式戦１万55試合で５０３４勝を挙げた中日の「投手別勝利数」が掲載されている。

通算勝利数ランキング50人は顔写真入り。さらに上位20人は、ピッチングフォームの写真も並んでいる。トップは球団創立80周年を迎えた２０１５年、50歳で32年間の現役生活を終えた山本昌の２１９勝、２位はフォークボールの神様・杉下茂の２１１勝、３位は「燃える男」星野仙一の１４６勝。４位は鈴木孝政の１２４勝、５位は小松辰雄の１２２勝、６位に川上憲伸が１１７勝で続くなど、そうそうたるレジェンドたちが名を連ねる。

１９６１年のルーキーイヤーに35勝、翌62年に30勝と、投げまくる右腕のフル回転ぶりを「権藤、権藤、雨、権藤」というフレーズで評された権藤博は82勝で15位。タレントとしてのイメージが強い板東英二が77勝で17位。こうした意外なデータに出食わすと、ちょっと調べるつもりだったのが、ついつい熱心に読み込んでしまう。

そして、１９７位タイの30人が「通算１勝」。この80年史では、そのうちの15人を取り上げて、顔写真を添え、現役時代のエピソードを記している。

その中の一人に「中田宗男」がいた。

大阪の名門・上宮高から日本体育大学を経て、１９７８年ドラフト外で中日へ。右腕の中田は、プロ４年目の１９８２年８月15日の広島戦（ナゴヤ球場）がプロ通算５試合目のマウンド。３点ビハインドの８回を三者凡退に抑えると、その裏に宇野勝の３ランなどで４点を奪って逆転、１点リードの９回は小松辰雄が締め、中田に初勝利が転がり込んできた。

翌１９８３年限りで現役を引退、スカウトに転身した中田にとって、唯一、プロ野球選手としての〝爪痕〟を残したのが、その「１勝」だった。

プロ５年間と、選手としては短命に終わったが、引退直後の１９８４年からスカウトに就任すると、８人の監督のもとで38年もの長きにわたって逸材たちを発掘し続けてきた。

「こんなん言ったらアレやけど、他の球団にちょっと声を掛けられたことも昔、あったんやけど、全く行く気持ちはなかったね。とにかく『ドラゴンズのために』という気持ちがあったんよ。これを言ったら、よく他の球団の人に『ホントにドラゴンズが好きやな』って言われる。俺は阪神ファンやったけど、当時のドラゴンズには星野さんを含めて、いい選手がいっぱいいた。高木守道さんもそうや。ホント、プロ野球の集団だなという、個性的なイメージがあって『入るんやったらドラゴンズに』という憧れみたいなのがあったんよ。実際に入ってみて、愛着どころか、もうホントにいいチームだなと思ったわ。当時は、球団にお金もあったし（引退後の）面倒見も含めて、12球団でもずっと一番いい球団やった。その思いは、全然変わらないね」

その〝ドラゴンズ愛〟ゆえに、星野仙一との波長がピタリと合ったのだ。

フル稼働した星野との〝ホットライン〟

それこそ日本全国に張り巡らされた〝星野の情報網〟からは、スカウト顔負け、全国の逸材たちに関するありとあらゆる話が入ってきていたのだという。

有力筋の知り合いやアマ野球の関係者からは、その地域の有望選手が紹介される。時には有力スポンサーの息子を推薦する話まで、それこそひっきりなしに星野の元へ〝逸材たちの情報〟が舞い込んでくるから「収拾がつかなかったらしいわ」と中田は言う。

監督が「ちょっと頼むよ」と編成担当やスカウト陣に頭を下げれば、1人くらいなら〝監督枠〟として下位指名で獲れるのは、この世界では半ば常識の範囲内でもある。

その〝ふるい〟にかけるために星野が頼ったのは、中田の目と情報だった。

大阪出身の中田は、スカウト2年目からは関西を中心に活動していた。それでも、監督の星野からは、しょっちゅう電話が入ったという。

「おい、どこそこ高校の誰々、っていう情報が入ってきとるんやけど、どうなんだ？」

中田は忖度なし、おべんちゃらもなし、正直な印象とスカウトとしての評価を伝えた。

「いや監督、それはプロに行くようなレベルじゃないですよ」

スカウトの評価が低いというのを理由にして「獲れない」と先方に伝えるのも、星野にとって、今後の付き合いを考えても必要な作業でもある。

「しかしなあ、俺が聞くと、お前は必ず『監督、はっきり言いますけど、大したことないですから、売り込まれてるんじゃないですか？』って、よく言うよな？」

星野に、笑いながらそう突っ込まれたこともあったという。

「星野さんのアンテナは、すごかったからね。中には『そりゃ、いいですよ』というのもおったけど、まあ10人おったら、ウチもリストに挙げていて、上位指名で考えていますというのは１人くらいやったね。後の９人は『リストから消しました』やった。だから『プロから名前が挙がるかどうか分からないから、聞いてこられるんでしょ？』と言ったら、星野さんも『ああ、そうか』っていう感じやったね」

逸材争奪戦は「最後まで諦めるな」

ドラゴンズを強くするために、とにかくいい選手を獲る。

年始に行われるその年最初のスカウト会議でも、まずその年のナンバー１の選手に行くという方針を、全員で共有していたのだという。

大学生・社会人を対象に、１球団２選手まで希望球団として選ばせることができる「逆指名制度」は1993年から2000年まで、2001年からの「自由獲得枠」は高校生以外の大学生・社会人の2選手とドラフト会議前に契約締結ができる制度で、2005、06年は「希望入団枠」と名前が変わり、大学・社会人に限っての1球団1選手に減枠。そして2007年からは、そうした一連の逆指名制がなくなった。

つまり、星野が2度目の監督を務めた1996年からの6年間は、ドラフトで即戦力となり得る大学生、社会人の有力選手の獲得は、事実上の自由競争。ゆえにスカウトの目の確かさやアマ球界へのコネクションの深さ、さらには資金力といった〝球団の総力〟をかけたシビアな、激しい闘いでもあった。

「その選手に行ってダメなら、即戦力の2番手、3番手を獲るより、高校生で将来、大化けするようなのでいこうと。その代わり『絶対に最後まで諦めるな』と。逆指名で、この球団に行きますって言い切るまで、もう決まってると分かっていても『最後まで行け』と」

だから中田は、その〝星野イズム〟を貫き、逸材争奪戦でも最後まで引かなかった。さらには、その軌道修正も鮮やかだった。

1996年は、青山学院大・井口資仁《ただひと》（当時は忠仁・前千葉ロッテ監督）の争奪戦に参戦したが、井口はダイエー（現ソフトバンク）へ。するとその年、中日は1位で三重・明野高校の右腕・小山伸一郎（現東北楽天２軍投手コーチ）を指名。小山は後に移籍した楽天で貴重なリリーバーとして活躍、プロ19年間で１軍通算４８１試合登板を果たすなど、息の長い現役生活を送った。

２０００年にも立命大・山田秋親（現びわこ成蹊スポーツ大野球部監督）の逆指名獲得を目指しながらも、井口の時と同様に再びダイエーに競り負けた。すると１位指名は埼玉・春日部共栄高の右腕・中里篤史（現巨人スコアラー）に切り替えている。

「星野さんの場合は、勝ちたいというより、とにかくまずチームを作らなきゃ、というところからです。ある程度骨格ができて『今年は勝負だ』という時になると『今回は、即戦力をくれ。今回は申し訳ないけど、わがまま言わせてくれ』と」

「スカウトは５年先、10年先を見ろ」

星野の第１次政権は、39歳での監督就任。直後の１９８６年ドラフト１位は、地元・名古屋の強豪、享栄高の左腕・近藤真一、２位も愛工大名電高の大砲・山﨑武司。１９８７年１位はＰＬ学園高・立浪和義、１９８８年１位は大阪桐蔭高・今中慎二と、素材重視の高校生が続いた。

中田は、星野から何度となくこう聞かされた。

「スカウトは、5年先、10年先を考えとかなあかんぞ」

強いドラゴンズを作る。そのために長期的な視野で選手を獲り、鍛えていく。

こうして監督就任直後から3年連続で高校生を1位指名、そして1989年は「俺のわがまま」と称し、社会人の即戦力投手獲得をスカウト側にお願いしてきたという。

1位指名したNTT東京の右腕・与田剛は、ルーキーイヤーの1990年、31セーブで最優秀救援投手と新人王を獲得。後に中日監督にも就任している。

「与田の時は星野さん、言ったもんね。『あいつら、メドついたからな』。まだ（高卒のドラフト指名選手は）主力じゃなかったけど、主力になれる力があったからね。そこで、ちょっとコマが足りない、ピースをパッと埋めるために与田を指名した。その時の狙いはやっぱり抑えで球の速いピッチャー。そういう感じやったもんね」

1995年オフ、星野の2度目となる監督就任とともに、中田は「チーフスカウト」に昇格。星野からの〝電話の頻度〟は、さらに上がることになった。

立場上、全国へ視察に飛び回っていた中田だが、名古屋に戻ってナゴヤドームで試合が行われている時には「必ずドームに顔を出してくれ」と星野から厳命されていた。

「俺、あちこちから、毎日のようにドラフト前、ホントにあちこちから話がくるんや。もう、いちいちな……。お前、分かるやろ。その代わり、ちょっとでも『こういうやつがいます』とかあったら、必ず報告に来い」

その〝中田からの報告〟で、星野が即決したのが１９９７年のドラフトだった。

狙った選手を獲られても「井端というのがいます」

１位は星野の母校・明大の右腕、川上憲伸の逆指名を勝ち取った。

２位では内野手を狙っていた。ところが、巨人が２位逆指名で日本通運の遊撃手・川中基嗣を、さらに近鉄も２位で青山学院大の遊撃手・高須洋介を獲得する。

狙っていた即戦力候補が、続々と他球団の逆指名枠で消えていく。

「どうするんじゃ」とイラつく星野に、中田がとっておきの隠し玉を出した。

「亜細亜大学に、井端というのがいます。これは何位でも獲れます」

当時、セカンドだった井端の守備は、派手さはなくとも、ゲッツー時にベースに入るタイミングが良く、二遊間の深い位置からの送球も強く、玄人好みする動きの良さが感じられたという。打撃でも、追い込まれてからの外角ギリギリのコースを巧みにカットしながら、甘い球を待つことができた。野球センスは抜群だ。なのに、担当スカウトの調査では「下位でも獲れます」。つまり、他球団が食指を動かしていないというのも分かっていた。

「そんなにええのか？」

「高須よりいいです。ピッチャーからすると、一番いやなタイプです」

「よっしゃ、お前がそこまで言うなら、それで行け」

こうして井端を5位指名で獲得できたのだが、プロ入りしてからの2年間、なぜかファームでくすぶり続けていた。

中田は星野の腹心、ヘッドコーチの島野育夫をけしかけた。

「島野さん、なんで井端を使ってくれないんですか？」

「ファームから、ええ報告が上がってこんのよ」

「いや、あれは1軍で使って初めて力を出せるタイプの選手です。1軍で、目をつぶって使ってみてくださいよ」

「分かった、監督に言うてみるわ」

1年目18試合、2年目は1軍出場なし。しかし、中田の〝推薦〟を受けた3年目に１４０試合出場で遊撃のレギュラーを掴むと、落合政権下の２００４年から4年連続全試合出場、

６年連続ゴールデングラブ賞を受賞（最終的には7度）することになる。

井端は、まさしく『強いドラゴンズ』に欠かせぬキープレーヤーに成長した。

後に巨人へ移籍し、２０１５年限りで現役引退。２０２３年には日本代表監督に就任、その初陣となる同11月のアジアチャンピオンシップで優勝を果たしている。

星野と根本陸夫の〝共通点〟

こうした星野のやり方に、中田は「球界の寝業師」根本陸夫の姿をダブらせた。

「根本さんって監督をするでしょ、最初に。で、必ず最下位。ま、こんなん言ったらアカンかもしれんけど、その後退いて、フロントで管理して、そこからチームの足りないところを埋めて、結構有名な監督さんにそれを預ける。選手を獲って育てる。それを全部計算しながら長期的なチーム作りをしているでしょ？　落ち込んでいるチームに行って、必ず1年くらい最下位。そこで本質的にチームに足りないものを補う。トレードにしてもそう。その過程がすごく大事なんじゃないかな？」

　１９７９年、西武がクラウンライターから球団を買収。初代監督の根本陸夫は「球団管理部長」として編成の責任者の役割も兼任し、まずチームの骨格作りに着手する。

監督としての3年間は最下位、4位、4位。ただ、前後期制だった１９８１年前期は2位と、強くなる兆しが見えてきたところで、１９７８年にヤクルトを球団史上初のセ・リーグ優勝&日本一に導いた名将・広岡達朗に監督の座を譲る。そして、自らはフロント業に専念した１９８２年、西武は初優勝を果たし、日本シリーズでは近藤貞雄率いる野武士軍団・中日を破っての日本一に輝いた。

監督退任後の根本は、広岡と森祇晶《まさあき》を監督に据えた西武での11年間で9度のリーグ優勝、8度の日本一という黄金期を築き上げた。

その補強戦略も、他球団を常にあっと言わせ、たじろがせるほどの剛腕ぶりだった。

秋山幸二は、熊本・八代高時代には投打の二刀流。九州産業大への進学を一度は打ち出しながら、ドラフト外で獲得。伊東勤には、熊本工から定時制の所沢高に転校した上で西武の球団職員として採用。昼間は練習生、夜は通学での〝囲い込み〟の末、１９８１年ドラフトで1位指名。高校時代の１９８０年夏、熊本大会決勝戦で対決した同級生の2人は、ともに野球殿堂入りを果たしている。

１９８０年ドラフト1位・石毛宏典《ひろみち》は西武系列のプリンスホテルから入団、熊谷組入社が内定していた工藤公康を１９８１年ドラフト6位指名してプロ入りにひっくり返し、１９８

４年ロサンゼルス五輪で、台湾代表のエースとして銅メダル獲得に貢献した「オリエント・エクスプレス」こと郭泰源《かくたいげん》を巨人との激しい争奪戦を制して獲得するなど、他球団を圧倒するスカウト戦術は、根本の日本中、いや世界中に張り巡らせた人脈と情報網の賜物《たまもの》だった。

ソフトバンクの前身・ダイエーでも「俺が基礎を作る。でも監督の間は勝たん」と宣言した通り、１９９３年に監督に就任すると最下位、１９９４年も４位。

その一方で代表取締役専務と球団本部長を兼任した全権監督として、１９９３年に秋山幸二をトレードで獲得。世界の本塁打王・王貞治を監督に招聘した１９９４年オフにはＦＡの工藤公康、石毛宏典もダイエーに呼び、勝者のメンタリティーを注入していった。

強くなるための土台を作り、一時代を築いたかつての巨人の主砲を博多へ連れてくるという荒業は、根本のような剛腕でしか成し得ない。５年契約の王が初優勝したのは、その契約５年目の１９９９年。日本シリーズで対戦したのは、第２次政権の星野中日だった。

根本が描いた未来図は、見事なまでに現実のものになっていったのだ。

〝第３次星野政権〟を想定していた？

「やっぱり、長期的に戦力を獲って、自分の手で育てなきゃいけないという思いは、星野さんは強かったね。『ドラゴンズは俺がいなきゃダメだ』というくらい、自負を持っていた。楽天の監督だった時、中日は勝っていながら、お客さんが全然入ってなかったことがあった。『他人事ながら、どないなってるねん』ってよく言ってた。やっぱり気になってたんだろうね、ドラゴンズのことが」

星野は２００２年に監督の座を山田久志に譲っている。ただ、ひょっとしたら『その後』を考えていたのではと、中田は推測している。

「原は、何回やったんかな?」

巨人・原辰徳は、２００２年から2年間、２００６年から10年間、さらに２０１９年から5年間と、計3度・17年にわたって監督を務めてきた。

1度目の監督時には「若手」だった阿部慎之助（現巨人監督）や内海哲也（現巨人1軍投手コーチ）が、2度目の監督時に主力となり、2度目の監督時の前半期には坂本勇人、長野久義がプロ入り、後半期には主力へと着実に成長していった。さらに、その第2次政権の後半期には菅野智之や岡本和真が入ってきて、これが3度目の監督時には中心選手となっている。

そうした「強さを維持するシステム」を、西武とダイエーなら根本が、巨人なら〝全権監督〟の原が司《つかさど》ってきた。星野はきっと、その大いなる夢を抱いていたはずなのだ。

だから中田は、星野にも「3回目」をやって欲しかったという。

「2回目、監督を辞めると言った時、何か、それなりのアレがあったんじゃないかと。その時、オーナーとあんまりよくなかったからね。ただそれだけの理由やと思う。オーナーが前のいい人やったら、またもう1回、監督していたと思う。でも、その場で『どこ行ってもいい』って言われたらしいんよ。このやりとりは憶測やけど『じゃあ、僕、もうどこへ行ってもいいんですね』と確認して、阪神の監督をやったんやろ？ その時に『くそっ』って思って『このチーム、誰のお陰や』というような思いで『よっしゃ、これやったら、他に行って見返したる』っていうアレが働いたんやと思うよ」

監督人事を左右する中日新聞社の派閥抗争

ここに、親会社の中日新聞での〝派閥間の綱引き〟が見え隠れしている。

愛知出身の政治家・大島宇吉が創刊した「新愛知新聞」と、長野出身の小山松寿《しょうじゅ》が創刊した「名古屋新聞」が、戦時中の１９４２年9月に合併。その「大島派」と「小山派」による派閥抗争は、新聞社内だけでなく、球団の監督人事にも大きな影響を及ぼし続けてきた。

11代目オーナーの大島宏彦は、大島宇吉の孫・一郎の養嗣子。１９９５年6月から２００

0年3月というその任期は、それこそ星野の第2次政権に合致する。ちなみに、２０２０年から第13代オーナーに就任した大島宇一郎は、宏彦の長男になる。

その「大島派」に連なってきたのが星野だった。

しかし、潮目が変わる。

12代目オーナー・白井文吾は「小山派」の〝番頭格〟を長く務めてきたという。その白井は、落合博満を監督に招聘して独自色を出すことで「大島派」を一掃した。

それは、星野の色を〝弱める〟ことと同義でもある。

星野は、２００１年限りで中日監督を勇退、山田久志にその座を譲ると、野村克也が退任した直後の阪神監督へ就任するという、世間をあっと言わせる大転身をやってのける。

中田はそうした一連の動きは、中日新聞社の派閥抗争が影響したと見ている。

「その時に、山田さんを陰で支える仕事があれば、というかな。その後、またという思いはあったのか……。これは知らない。もう他の球団に行ってたから。でも、一回聞いたろっていつも思ってたんや。聞けんかったな……。原は3回やろ？　恐らく星野さんの中にも、そういうのがあったんじゃないかな？」

有望な若手をドラフトで獲って育て上げ、5年、さらには10年の長期スパンで世代交代を図るという、理想の好循環が生まれる育成の流れと強固なシステムを作っていく。

その舵取りは、俺にしかできない——。

中田が発掘し、星野が鍛え、育て上げてきた選手たちが、つぼみからいよいよ満開の花を咲かせると見込んだ時期が、幻の第3次星野政権の頃だったのかもしれない。

その〝星野遺産〟ともいえる逸材たちを見事なまでにハンドリングし、黄金期を築き上げたのは、落合博満だった。

落合が絶賛した「玄人好みする選手たち」

中田が「話もしたことがなかった」という落合から初めて話し掛けられたのは、監督就任が決まった直後、2003年オフの秋季キャンプだったという。

「いい選手、獲ってくるよね。玄人好みするような、ホント、徹夜して練習をやって、各自が力をちょっと上げれば優勝を狙えるよ」

落合は問わず語りに、中田にそうつぶやいたのだという。

「ホントかな？　と思ったよ。でも結局、その通りだったんだよね。力があって、10％底上げできる選手たちだったんですよ。計算できる選手やから、そういう表現をしてきたんだよね。だから徹底してこういうことをやれば、こいつらは力をつけるだろうという選手の見極めができる人だったよね。実際にその通りにしたから、この人すごいなと思った」

２００３年10月８日の監督就任会見。落合はその席上で「現有戦力を10％底上げすれば、優勝できる」と公言した。

そんなこと、できるのか？

周囲の懐疑的な見方をよそに、落合は次々と過去に例のない新機軸を打ち出してきた。まず戦力外通告とトレードを凍結。落合の監督就任が決まった２００３年オフに日本人の７選手が戦力外通告を受けているが、それはドラフトで７人の指名を行うために、支配下枠をその分だけ空けた形に過ぎなかった。

沖縄・北谷キャンプ初日、２月１日には主力選手も出場させての紅白戦を敢行。練習メニューにしても、トスバッティングから落合の鋭い目が光った。

打つ選手の斜め前方にトスを投げる人がしゃがみ、その位置から下手投げで緩いボールを投げ、打つ形がスタンダードだが、落合いわく「試合で、ボールは横から来ねえだろ？」。

技術やスイングが固まっていない若手選手には、絶対にその〝よくあるトス打撃〟をさせず、地面から垂直に立てた「ティー」の上に１球１球ボールを置き、それを打たせた。

「高校生は分かんねえ」の真意

自らの信念に基づいた独自のスタイルは、現役時代と同様「オレ流監督」と呼ばれ、そのスカウト戦略にも、自らの主張がにじみ出ていた。

「高校生は、なんぼ見ても分かんねえから」

落合のその信念は、監督時代もGM時代にも変わらなかったという。

その真意を、中田はこう読み解いていた。

「その『分からない』っていうのは、実力が分からないというより、こいつ、いいなと思っても、一番肝心な体力を含めて『何年かかるだろう』とか『こういうことを最初からできるんだろうか』っていうことが分からない、ということだったんじゃないかな。大学生や社会人だったら実戦を多く見れるから、素材的な部分よりも『この選手はこういうことだけは絶対にできる』とか、チームの欠けているピースを埋めることができるとか、そういう発想だったんじゃないかな。

だから現時点で力が測れない選手に関して、こういう練習をすればよくなるだろうというところではなくて、こういうことができる選手だから、こういう練習をすればもっとよくなるという、そういう見極めに長《た》けていたよね」

10代の高卒選手は、まだ原石の状態だ。3年先、5年先を睨み、素材重視で獲得した上で、時間をかけて、体も技術もさらに大きく育て上げることが主眼になる。

その「育成の理想」は、確かに耳障りがいい。スカウトやコーチにとって、そういうところに、大きなロマンがあるのかもしれない。

しかし、1軍で「勝つ」という使命を託された監督にしてみれば、その〝未来への可能性〟は、裏を返せば、現時点では全くアテにもならない、不安定なものだということを言っているのと同じだろう。

だから落合は、ドラフトでも「足りないところを補充する」という視点を優先した。

「落合さんがよく言ってたのは『プロは契約社会。明日からもう契約しませんと言われたら、それまでだから』って。即ち15年先、20年先なんか考える必要はない。実際にその契約をしている『1年』にいかにして成績を挙げるか。それに集中するということでしょ」

つまり「高校生は分からない」というのは、今すぐに使う戦力ではなく、将来を見越して育てるというのであれば「1年契約」の自分の仕事ではない、という意味合いだろう

ならば、それはスカウトが見極めてくれという、落合なりの〝筋〟だったのだろう。

その不変の指針は、中田にもよく分かった。

「監督の時、個人ノックを自分で打ったりして、いろいろとやっていたでしょ？　その選手に関して、例えばこっちにスタートがうまく切れるとか、ここが弱いなとか、そのあたりを見据えていく。バッターにしても、ケージの後ろからずっと見て、技術的な教えじゃなく、あ、こいつはこういう攻め方をされたら弱い、むしろ左ピッチャーの方が強いとか、その選手の見極めだよね。こいつを使うのは、打てるとか打てないとかはどうでもいい。これ〝さえ〟してくれたらいい。ウッズとか和田とか、ホームランを打てる人もいたし、それが、他の選手の役割分担をしっかりできたところじゃないかな」

荒木雅博、井端弘和、福留孝介、谷繁元信、タイロン・ウッズ、トニ・ブランコ、中村紀洋、和田一浩、森野将彦、立浪和義、川上憲伸、山本昌、岩瀬仁紀、浅尾拓也。

落合政権下でその名をはせた人たちの名前を挙げてみただけでも、各選手のキャラクターがしっかりと立ち、プレーの特色も即座に浮かんでくる。

さらには、ウッズに代わって一塁の守備固めが中心だった渡邉博幸、強肩と広い守備範囲を誇った外野手の英智《ひでのり》ら、試合終盤に出てくる守備のスペシャリストが揃って２００４年のリーグ優勝時に「ゴールデン・グラブ賞」を獲得している。

そうした〝明確な役割〟を、落合が与えていたからこそだろう。

２００４年ドラフトで高校生指名なし

就任１年目に現有戦力の「10％底上げ」で、まさしく有言実行の優勝。そのオフ、落合はドラフト指名の11人中、高校生を一人も指名していない。

２００５年からの３年間は、大学・社会人と高校生は分離ドラフトだった。だから、２００５年高校生ドラフト１位は平田良介（大阪桐蔭高）、２００６年同１位は堂上《どのうえ》直倫《なおみち》（愛工大名電高）と、素材重視のスラッガータイプの野手を獲得していた。しかし、逆指名制がなくなった２００８年、中田と落合のドラフト戦略は真っ向から対立の度を深めていく。

「ウチは、10年に１人と言われるようなスラッガーは、逃げずに指名してきました」

中田が主張したのは、東海大相模の内野手・大田泰示（巨人〜日本ハム〜ＤｅＮＡ）の１位指名だった。それまででもＰＬ学園・福留孝介（７球団競合・近鉄入団拒否）、星稜・松井秀喜（４球団競合・巨人入団）、ＰＬ学園・清原和博（６球団競合・西武入団）ら競合を恐れず、敢然と指名してきた歴史もあった。

しかし、落合は日本通運の外野手・野本圭を推し、譲る気配を一切見せなかった。

　ＧＭ時代の２０１４年ドラフトでも支配下指名９人中、高校生は０人。２０１５年の１位は、その年の夏の甲子園で優勝した東海大相模の左腕・小笠原慎之介だったが、支配下・育成を合わせた12人指名のうち、高校生は小笠原と育成の１人だけだった。

　一転して、落合がＧＭを退任した２０１７年、支配下６人のうち高校生が５人と指名方針が切り替わっている。

「育てる余裕がないというより、仮に落合さんが最初の５年、まず監督をやって、次の５年は休養して、またその次、５年監督をやるというような契約でもしていたらどうなってたかな？　多分、本人がそんな契約はしませんと言うだろうし、それは別にしてね」

　中田が膨らませてみた〝想像〟には、確かに興味深いものがある。

『5年先』なのか。『今』なのか。

　そこは、二者択一で割り切れるものではない。

　チーム作りには、間違いなく『今』を見ながら『5年先』も見据えるという複眼的視野が必要になる。ただチームの現状、監督の意向、球団の方針も踏まえた上で、そのどちらかに比重が傾いてしまうのは、むしろ仕方のない面はある。

　落合は『今』を重視した。

だから、中田がその将来性を見据えて「目をつぶって使って下さい」と監督時代の落合に頼んだ逸材であっても、クビになってしまうような〝ねじれた事態〟になってしまう。

鉄平と田上が開花するまでの「４年」が待てなかった

中田が〝推薦〟していたのは、２０００年５位指名の外野手・土谷鉄平（登録名・鉄平、指名時は内野手、大分・津久見）と、２００１年３巡目指名の捕手・田上秀則（九州共立大）だった。ところが２００５年オフ、鉄平は楽天へ、田上も戦力外通告を受けた後、ソフトバンクへ、２人そろって中日から移籍している。

鉄平と同じ大分で同学年だったのが、大分工の内野手・内川聖一。後に横浜、ソフトバンクで史上２人目となるセ・パ両リーグでの首位打者に輝き、通算２１８６安打を記録する内川は、２０００年ドラフト１位指名で横浜（現ＤｅＮＡ）に入団している。

「鉄平はドラフト５位やけど、もっとホントは評価していた選手やからね。内川を獲ろうと思ったら、１位とか２位しか獲れなかった。だから『内川じゃなくて鉄平でいこう』と早くから九州担当のスカウトとも言って、そうやって獲った選手やった。『九州のイチロー』って言って、１年生のときから追いかけた選手。なのに、知らん間にクビや」

落合は、鉄平に対して「このバッティングでは打てない」と低評価だった。しかも当時の落合中日には、絶対的なレギュラーに福留孝介、打なら井上一樹（現中日2軍監督）、守備にも名手・英智がいて、若手時代の鉄平には当時、外野のレギュラー争いに入る余地がなかったともいえるのだが、移籍した楽天では２００９年に首位打者に輝いている。

「右の4番候補」とその打力を中田が評価していた田上だが、２００５年には同じ右打者で横浜時代には2年連続本塁打王に輝いたタイロン・ウッズが移籍してきた。さらに捕手にも谷繁元信が君臨。その時点では、田上の使い道がなかったのは確かだ。

その田上も、２００９年にソフトバンクで捕手のレギュラーポジションをつかみ、26本塁打を放ってベストナインにも選出された。

２人の大ブレークは、中田のスカウティング能力の高さの証明でもあるのだが、その一方で落合は、２人が開花するまでの〝あと4年〟を待てなかったのだ。

それは、目の前の勝利をつかむことに徹するという監督の仕事ゆえであり、ＧＭとしても、現場を勝たせるという視点に立ち、すぐに使える戦力を送り込むべきだという現実的な選択を優先する発想ゆえの〝逸材流出〟ともいえた。

星野の長期的なチーム作り

対照的に、星野は『5年先』という要素を常に組み込んだ上で、チーム作りを考えていた節があると中田は力説する。

「星野さんは最初に『お前ら、スカウトというのは大事や。5年先、10年先を考えて常にやれ』って。ということは、自分も5年先、10年先を考えていたということやし、実際にその通りやったもんね。何年契約だったとかはさておいて、5年やって、一回退いて、また何年か後にユニホームを着る。第1次政権の後、（高木）守道さんがやって、その後の第2次政権でしょ。1次の時も、当然、その第2次政権のことを考えておったわけやね。4、5年退いたら、その頃に自分の獲った選手が、ちょうど花開く時期じゃないかと。これが、すごく大事なんですよ。選手を獲って、育てる。それを全部計算しながらの、長期的なチーム作りですよね」

第3章でも、第1次政権下で獲得した高校生たちが第2次政権下で主力となり、1999年の優勝に結びついたという流れがあった。

〃星野第3次政権〃を想定し、第2次政権下のドラフトで指名した選手を見れば、中田の見解にはうなずけるものがある。

１９９６年２位・森野将彦
１９９７年１位・川上憲伸、同５位・井端弘和
１９９８年１位・福留孝介、同２位・岩瀬仁紀、同４位・英智
１９９９年１位・朝倉健太

『未来』を見据えていた逸材たちが熟し、脂の乗ってきた頃が、まさしく落合の監督時代に合致しているというのは、見逃せない事実かもしれない。

計算できる選手を使う「プロの勝負師」

落合は、その〝星野遺産〟を見事なまでに使いこなした。

だから中田は「落合さんは、典型的なプロの勝負師」だと評する。

「だから、与えられた戦力で成績を出す。そりゃ、自分がバットマンとしてそうだったしね。とにかく記録、そして成績。これを最善を尽くして残すのがプロだし、プロである以上は成績を残して、年俸を上げる。プロとはそういうものという典型的な人ですよ」

中田の解説をもとに、落合博満という人を読み解いていくと、どこかしら、その行動に一貫性が見えてくるから、不思議なものだ。

「だから二言目には『いい選手とか関係ないよ』と。自分の思っている野球ができれば勝てる。だから、無理な要求はしない。それは、選手を『このピッチャーに対してなら、こいつはここにゴロが打てる』とか、そういう見極め。言い方は悪いけど、よって若手選手は育たないんだよ。こいつが来たら、こういう結果になるだろうというのが、ほぼ計算されていた野球、１―０で勝つ野球ですよ。落合さんの時の選手は、こいつのピッチングはこう、こいつのバッティングはこう、と見ていて計算ができる。その自分の計算ができる選手を、計算通り動かすというのが落合さんのやり方。その中で選手を育てる余裕があるかないかだけど、やっぱり勝つために、計算できる選手を使っていたんじゃないかな」

育てながら勝つという、そんな綺麗ごとやロマンを落合はシビアに排除したのだ。

「実力があるかないかより、まず体力作りに何年かかる可能性があるか。それも、獲ってみないと分からない。思ったより使えるケースもあるし、思った以上に体力がないケースもある。そういうところで、いきなり自分のやりたい練習、実戦練習も含めて対応できるかどうか。落合さんの監督の頃って、とにかくバッティングでも１時間、２時間やる。そういうところに耐えられるかどうか。少なくとも大学生、社会人なら、そういう基礎体力、もしくは最低限の実戦練習で、計算できる、ということだと思うよ」

勝つための準備段階で、高校生という〝不確定要素〟はいらないというわけだ。

「星野さんも、毎年勝たないといけないというのはあったけど、最初39歳で監督をされたのかな？　それからごく単純に60歳までと計算して、5年周期で考えたら、最低3回、4回は（ドラゴンズの）監督をやるつもりでおったんじゃないの？　多分、その頃はドラゴンズ以外、考えられないというくらい、ドラゴンズのことを深く愛していたんよ、星野さんは。ドラゴンズは星野、星野あってのドラゴンズやから、自分が死ぬまでというとちょっとオーバーやけど、それくらい長期的に考えていたと思うよ」

だから、星野はいい、落合は悪い、と二分するつもりはない。

それぞれの思いが、それぞれのドラフトへの挑み方に、はっきりと映し出されていた。

「その子でいい」自分を出さない高木

星野と落合が右と左、白と黒と、極端に振り切っていたとすれば、高木守道という監督はどちらかと言えば独自色の薄い、自分を出さない人だったと中田は言う。

「守道さんは、基本的にはスカウトの総意。スカウトの人が見て、いいというやつを獲った。ビデオを見てても、これがいい、あれがいい、という指摘もなかったし、言わない。スカウト会議なんかでも、スカウトが熱っぽく語ると『うん、その子でいいんじゃない』っていう風な、スカウトがどうしても欲しいという選手を獲って、という感じだったね」

星野の時代には近藤真一、立浪和義、今中慎二、川上憲伸、福留孝介ら、それこそ他球団との競合覚悟で、逸材獲得への勝負に出ている。対照的に落合の時代は即戦力優先だ。

そうした特色が、高木の時代には見えてこない。

第1次政権の監督就任直後、１９９１年ドラフトは日大の右腕・落合英二（現中日2軍投手兼育成コーチ）。１９９２年は星稜・松井秀喜の抽選に敗れ、三菱重工横浜の右腕・佐藤秀樹に切り替えている。

即戦力重視とも映る1位指名に、高木は「俺に遠慮してるのか？」と中田に聞いてきたことがあったのだという。

「即戦力で行くということは、監督としては嬉しいことだけど、逆に『甲子園のスター選手、競合でもいいんだけどね』って。直接見てないんで、口を挟むのはおこがましいっていう感じだったよね」

そこには、スーパースターゆえの〝諦観〟めいたものも漂っていた。

「なんでこんなことができないのかな？」

「いや、その簡単なことを10割の確率でできる人って、アマチュアじゃいません」

「あ、そうなの？　でも、プロに入ってくるんだから、それくらいできるでしょ？」

「そういう人は我々も高い評価をします。ほとんどができない人です」

高木は、若手選手の練習を見ながら、中田にそんな〝本音〟を明かすことがあった。ひょっとしたら高木は、星野ではなく、落合寄りの考えなのかもしれない。

「昔、よく『相手の胸に向かってボールを投げろ』とか言われたけど、守道さんがよく言ったのは『俺がセカンドに入ってきたら、どんな球でも俺に合わせたらアカンで』って。みんな守道さんの動きに合わせようとするから、ワンテンポ遅れてしまうらしいのよ」

中田が指摘しているのは、高木守道というプレーヤーの天才的な動きだった。

例えば、ダブルプレーを狙って二塁へ送球する選手は、ベースカバーに入る高木が二塁ベースを踏むタイミングを測って、送球のタイミングやスピードを瞬間的に判断する。

ただ、それを〝標準の二塁手〟で想定してはいけない。

高木が二塁へ向かって、そのスタートを切るタイミングがゆっくりに見えても、ベースに入る直前からターンして一塁へ投げる動きは、誰よりも速いのだ。

その〝真似できない加速度〟が分かっていなければ、ズレてしまうのだ。

高木守道とは、決して仲が良くなかったといわれる星野仙一ですら「他の名手とは次元が違う。日本一守備がうまいのは間違いなく高木さん」と一目置いていたという。

言葉は悪いが、そこら辺の選手とは、もうそれこそレベルが違うのだ。

中小企業のおっさん、職人、大企業の社長

第2章で紹介した元捕手の片貝義明は、星野のもとでスコアラーとコーチ補佐、高木のもとでもコーチ、落合のもとでもスコアラーと動作解析など、3監督のもとで働いている。

その片貝が、3人を端的に表現してくれた。

「星野さんはね、中小企業の社長ですよ。『俺についてこい』という割に、従業員に『おい、家族は大丈夫か?』って気を使うオッサン。落合は大企業の社長ですよ。落合が言っていたのは『選手70人、全員が戦力。調子のいいやつを使うんで、育てるんじゃない』って。つまり、大企業の〝できているところ〟を使うんです。で、高木さんは職人。コーチを決める時でも『誰でもいいよ』って。割り切っているのかもしれないけど、自分のイメージの中では

『俺がやったらできるだろ』『俺が預かったヤツなら、何とかなるんじゃないか』って思っているところがある。もう、完全に職人さんなんですよ」

だから、簡単に〝高木のおめがね〟にかなう選手などいないのだ。

実際、２０２３年までの87年間で中日の新人王獲得者は10人いるが、立浪和義（１９８８年）、与田剛（１９９０年）、森田幸一（１９９１年）、川上憲伸（１９９８年）の４人は星野の監督時代。高木の６年、落合の８年の監督時代には新人王は誕生していない。

私の取材力にも問題があるのだろうが、高木に関するエピソードが星野や落合にまつわる話のように続々と出てこなかったのは、高木が自分の色を抑え、むしろ出し過ぎないようにしていたからなのかもしれない。

監督任せの組織作り

星野11年、高木6年、落合8年。

その四半世紀、中日はいわば「監督任せの組織」というスタイルを取っていた。ただ「昭和」のプロ野球は、それこそ、監督がすべての組織作りだった。

監督が補強方針を決め、トレードを仕掛け、ドラフトにもその意向を反映させる。フロント側は、監督の要請に従って、いわば「カネ」を出す。ここが潤沢か、それとも渋いのかで監督の振る舞いも、そして呼べる監督のレベルも変わってくる。

星野も落合も、それこそ「全権監督」だった。

しかし、時代は変わった。

２０２４年２月のキャンプインの時点で、中日の支配下、育成を合わせた選手数は85人。４軍まで抱えるソフトバンクだと、計１１９人の大所帯になる。

こうなると、１軍の監督が全選手の動向を把握することなど不可能だ。関わるスタッフも増え、コーチが管掌する部署にしても、かつては守備なら内野と外野に分かれ、打撃部門も投手部門も、右左のコーチが一人ずつ、トレーニング部門でも、コーチ一人とトレーナーだったものが、いまやコンディショニングやリハビリ担当、トレーニング担当などに細分化され、データ分析でもスコアラーだけでなく、球場に設置された機器からのデータを分析する専門の部署もできている。

ちなみに、星野が初めて監督に就任した１９８７年の選手数は64人だった。

つまり、監督は現場とフロントを繋ぐ中間管理職としての色合いが強くなったのだ。

かつての長嶋茂雄や原辰徳、星野仙一のような、補強にも自ら乗り出した「カリスマ型」

の全権監督は、もう過去のこと。２０２４年もソフトバンク、西武、日本ハム、楽天、オリックス、ヤクルトの６球団には補強の総責任者でもある「ＧＭ」が置かれ、そのうち４球団は元プロ野球選手がそのポジションを務めている。

落合が２０１４年に谷繁元信が監督兼選手のプレーイング・マネジャーに就任したのに合わせて中日球団初のＧＭに就任したのは、その〝新時代の球団運営〟の重要性も分かっていたからなのだろう。

ただ、落合の即戦力重視という〝現実志向〟は変わらなかった。

12球団中11位の高校生指名率「41・9%」

２０１４年ドラフトの支配下９人は、社会人５人、大学生３人、独立リーグから１人で高校生はゼロ。育成よりも即戦力というフロントの方針が、リーグ連覇後の２０１２年から２０２３年までの12シーズンで、Ａクラス２度という長き低迷に繋がる遠因になっているのは、間違いのないところだ。

１９６５年から導入されたドラフト会議（新人選手選択会議）は、２０２２年までに62回、開催されている。なお、１９６６年は第１次、第２次の２回、高校生と大学・社会人の分離ドラフトだった２００５～２００７年も、それぞれの年を２回開催とカウントした。

その間に中日が指名・入団した選手は４３０人を数えるが、うち高校生は１８０人。指名全体に占める割合は「41・９％」となり、その割合は12球団中11位。１位の広島は「56・１％」、２位のソフトバンクが「54・４％」だから、中日は「育成型」のチームとは言えない現状にある。

ただ、落合がＧＭを退任した後から、中日に色濃く出始めている特色がある。

２０１８年１位・根尾昂（岐阜出身・大阪桐蔭高）
２０１９年１位・石川昂弥《たかや》（愛知出身・東邦高）
２０１９年５位・岡林勇希（三重出身・菰野高）
２０２０年１位・髙橋宏斗（愛知出身・中京大中京高）
２０２１年２位・鵜飼航丞《こうすけ》（愛知出身・中京大中京高～駒大）

「愛三岐」と呼ばれる東海三県、つまり、地元の逸材の指名が増えているのだ。

データ集計の際、出身地ではなく最終キャリア（卒業高校、卒業大学、社会人の会社所在地）

で分類したため、若干の数字の変動は出てくるだろうが、東海３県からの入団は62回のドラフトで93人、全体の21・２%になる。

さらには福井、石川、富山、長野、静岡、滋賀からは33人、同７・７%。この〝中日新聞販売エリア〟も地元と捉えると、指名選手は１２６人、全体の29・３%を占める。

つまり、３分の１近くが中日新聞のお膝元から出ているというわけだ。

同じレベルで迷ったら〝地元優先〟

中田は、その「地元優先」の色合いを強めていることを認めた。

「自分、関西担当の時、実はそんなん、思ったことがなかった。自分の中で、野球というのは関西出身者が一番、根性もあるしね、ずっとそう思ってたんよ。でも、やっぱり責任者になってからですよ。地元の選手、見逃してたな、と。それまで一回も思ったことはなかったけど、地元の選手をやっぱり、優先しなきゃいけないと思った。実際、地元の選手でいい選手、いっぱいいるんですよ。ここ、やっぱりレベルが高いんです」

１９９１年のオリックス４位指名・イチローは愛工大名電高出身。もちろんスカウト会議でも指名候補に挙がっていたが、他の選手との兼ね合いで獲れなかった。

２０１０年のソフトバンク育成４位・蒲郡高の千賀滉大も「育成なら」というスカウトからの報告も上がっていたが、枠の兼ね合いでこれも断念している。

ともにメジャーで活躍した地元の逸材ゆえに、逃した魚はよけいに大きく見える。

「だから、迷ったら地元の選手、優先しようというのは、別に誰かから言われたわけでもないけどね。阪神も昔、地元の選手、少なかったでしょ？　これは責任者の人の考え方もある。俺も自分がそうなって、やっぱり地元優先。イチローがそうやし、あの時、俺はまだ下っ端のスカウトやったけど、いい選手がヨソにいっぱい流れてみんな活躍したからね」

誰もが成功できる、という世界ではない。

だからこそ、同等の力で指名を迷うレベルであれば「地元出身者」という存在を、一つの決定要素にするのは、フランチャイズの色をより出すためにも重要になる。

ただ、中田には〝２つの懸念〟がある。

「ところが、ドラゴンズに入ると、おかしくなるのよ。なんでやろ？　いろいろなアレがあるんやろな。甘やかす、とか。これも原因を追究してほしいよね」

地元びいきというやつだ。

ここまでも言及してきたように「選手に甘い」という名古屋の体質が、ここに大きく関わってくるようだ。

これに加えて、スラッガータイプの野手が伸びていないことが中田の気がかりであり、手がけてきた責任者の一人として、悔いの残る部分なのだ。

「ポテンシャルとかを考えると、もっとやれたはずなのに」

中田が名前を挙げたのは、堂上直倫（現中日１軍内野守備走塁コーチ）、福田永将《のぶまさ》（現中日２軍打撃コーチ）、平田良介、高橋周平の４人だった。

「大砲」が育たない

平田は２００５年夏、大阪桐蔭高の４番として、甲子園準々決勝でＰＬ学園・清原和博以来となる１試合３本塁打。２００５年の高校生ドラフト１位で入団し、中日一筋17年のプロ生活を送ったが、通算本塁打は１０５本。シーズン最多も２０１３年の15本だった。

堂上は、元中日投手の父・照、元中日外野手の兄・剛裕に続く〝親子竜＆兄弟竜〟で、その人気も絶大だった。

愛工大名電高２年春のセンバツでは、４番打者として２本塁打を放って優勝。その夏にもナゴヤドーム（当時）で行われた愛知県大会決勝で左翼席に本塁打を放つなど、３度甲子園に出場。２００６年高校生ドラフトでも中日、阪神、巨人の３球団が１位競合している。それでも、中日一筋17年間、通算１０１２試合出場で34本塁打にとどまり、プロでは〝守備の人〟としてのイメージがむしろ強い。

福田は堂上の同期で、横浜高から２００６年高校生ドラフト３位で入団。その長打力が期待されたが、こちらも中日一筋18年の現役生活で、通算本塁打は84本にとどまった。

高橋も、２０１１年ドラフトで中日、オリックス、ヤクルトの３球団競合の末、中日に１位入団。１年目から41試合に出場するなど早くから頭角を現し、２０１９年には三塁でベストナイン。ただ、２０２３年までの12年で55本塁打。２０２３年は０本塁打に終わるなど、30歳で迎える２０２４年はレギュラーの座も確約されていない。

対照的に、２０２２年に最多安打のタイトルを獲得した２０１９年５位指名・岡林勇希（三重・菰野高）、２０２３年に通算２０００本安打に到達した２００９年５位指名・大島洋平（愛知・享栄高〜駒大〜日本生命）、井端弘和、荒木雅博（１９９５年１位指名・熊本工）に共通するのは、中田によると「もともとバッティングのセンスがよくて、野球の技術に優れて、守備力もあってスピードもある選手の系統が育っているんですよね」。

中日の日本人選手になると、首位打者は２００６年の福留、本塁打王は１９９６年の山﨑武司、打点王も１９９４年の大豊泰昭を最後に、主要打撃３タイトルを獲っていない（※大豊は台湾出身だがドラフト指名を受けて入団した日本人扱いの選手）。

「本音で言うと、堂上、福ちゃん、平田、そして今の周平ね。10年近くレギュラーで君臨できていれば、彼らの実力というか、持っている力を出し切れていたら、というね。たら、ればは、この世界はイカンのやけど、それくらいの力はあったと思うんだよね。こんなはずじゃなかったのにという打者が、もう一つ伸びていない。何が本当の要因なのか。打者に対しての教育というのか、打てなくなる雰囲気になるのか、それは分からない。これ、徹底して突き止める必要があると俺はずっと思っていた。なんでかなと。コーチがどうのこうのとか、それもまた違う。ドームが広いというのも、一時はそう思った。でも、それだけじゃない。はっきり言うけど、選手を育てるのがうまい球団のことを勉強するとか、そっちの方が大事じゃないかな」

落合がＧＭを退任した２０１７年、中田はスカウト部長としてのラストイヤーだった。

１位の鈴木博志（ヤマハ・２０２４年からオリックス）以外の支配下５人は、すべて高校生。スカウト部が主導しての補強戦略は高校生主体、素材重視になった。

「ここ10年、20年で獲った選手が、自分らの予想よりも半分だね、全員。目つぶって使うのか、徹底して英才教育をするのか、今、よく話に出ているのは球場を狭くすることとかやけど、でも『それだ』っていう、ホントの原因を全員で話し合ったこと、ないと思うんだよ」

逸材を育てるための〝討論の勧め〟

中田は２０１８年１月で定年を迎えた。

再雇用で「編成部アマスカウトディレクター」に就き、スカウト陣のバックアップを務める形となった。

その２０１８年１位は、大阪桐蔭高・根尾昂。ただ、プロ入り後は遊撃手から外野手、そして投手へとコンバートされ、１軍定着はおろか、その〝位置づけ〟も定まっていない。

持てる実力を存分に発揮する以前の問題で、いまだにさ迷っている感すらある。

「根尾が一番ダメな部分は『間』がなかったこと。打つ方、スイングはいいけど、来た球に対して間を測れない。ショートやっていてもゴロが合わないのよ。だから見ていてめちゃくちゃ危なっかしい。これまで先天的な体のスピードとか力、瞬発力でやってたんだなと」

だから、指名前から「ピッチャーの方がいいんじゃないか」と中田は思っていたという。

「でも、本人が野手をしたいって言ったから、打つのはええんやけど、ショートは難しいなというのはあったのよ。だから野手をするなら、外野がいいんじゃないかと」

そうしたスカウトの見解、現場の意向、そして岐阜出身のスター選手という要素も加味した上で、どういう方向に「根尾昂」という選手を位置づけていくかを、フロント側がコントロールしながら、スターの育成を進めていかなければならない。

なのにスタートはショート。さらに投手転向は２０２２年。監督の方針によって、選手の育成方針までもが動いてしまう。

「やっぱり、ファンが期待している選手に関しては、ここはもうちょっと我慢してファームで鍛えようとか、ここは勝負どころやからとか、ある程度討論しながらね。一人にかぶせるんじゃなくてね。１週間に一度とか、１カ月に一度とかに『どうですか？』と。第三者、冷静に見ている人の目って、すごく大事やねん。昔と比べて、こうなっているのが気になるとか、それはそういう風に教えていますとかが聞けたら、それやったらいいか、とか、それは間違ってる、とか、元々この選手はこういうクセがあって、それが矯正されてこうなったとか、そういうのはものすごく大事なんよ」

現場とスカウトがタッグを組んで、逸材をしっかりと育て上げる。

そのための「フィードバック」が必要だというのが、中田からの〝申し送り〟だった。

そこに多少時間がかかっても、自分の方針としてやり抜こうとしたのが星野なら、時間をかけているゆとりはないという現実主義に走ったのが落合だった。

自分にムチを入れることができた立浪

中田は、スカウトとして担当した立浪の〝胆力〟に、チーム再建への期待を寄せる。

「タツはね、いい根性してるよ。だって最初、１年目よ。体力が心配やったのよ。ずっと１軍に入ってのキャンプやったからね」

２月のキャンプ中、事あるごとに中田は立浪に声を掛け、励まし続けた。

「タツ、大丈夫か」

「はい、全然大丈夫です。肝心な時だけ一生懸命やります」

「それでええんよ。そうしなきゃ、潰れてしまうもんな」

「はい、分かってます」

18歳でも、その〝抜くところ〟を知っていたのだ。

ルーキーイヤーは１９８８年。昭和63年だから、もはや〝２時代前〟を中田は振り返りながら、立浪和義という男の持つ〝高い能力〟を改めて評価する。

「やっぱり、そういうことができるんですよ。難しい状況であっても、その時にポンと自分でムチを入れればできちゃうんですよ。普通は逆です。ムチ入れたら、力んでしまうとかね、肝心な場面で。それは、誰もができることじゃないけどね」

自分にはできる。しかし、選手にはできない。教えてもできない。

そのギャップに、立浪和義という指揮官は苦しんできたのかもしれない。

野球なんて「打てない競技」

中田には、その苦悩が手に取るように分かるのだ。

「落合さんは、ホントに常に冷静やったのか、厳しかったのかよく分からんのやけど、勝つためにはこういうことをすればいい、そんなに難しいことをしなくていいんだよって顔、してたじゃない？　ランナー三塁でボテボテのゴロで1点入れば『それでいいんだ、これが野球だ』って顔ね。結局、そういうことですよ。星野さんも、仮にボテボテのゴロ打って点が入ったら『なんや、ぶさいくなバッティングしやがって』って言うんだけど、内心、よしよしと喜んでるのよ」

星野も落合も、そうした理想と現実との間でうまく〝折り合い〟をつけてきたのを、中田はその傍らで見続けてきたのだ。

「タツはね、見ていると、ある程度『理想』を追うんじゃないかな？　こういう時はピッチャーの考え方がこうとか、狙い球の絞り方とか、そういうことを説明しているのかどうかは、最近話してないから知らんけど、バッターにすると結構難しいかも分からんね。

タツが監督になる時に『打つ方は僕が何とかします』って言ったのが、すべての始まりなんよね。そこは一番、何ともできない部分。ほとんどのアマチュアの監督、二言目には『中田さん、ウチ、全く打てません』って。いや、ホント、ほとんどの監督さんが『打てない』って言うんやけど、そんなもん、打てないに決まってる。野球なんか、3割打ちゃ一流なんですよ。7回失敗する。で、8回失敗するのを7・5にとどめるかどうかという世界。打てるか打てないか、って言ったら、野球なんて打てない競技。そんなもんですよ」

そんなもんだと、もっと割り切っていけばいい――。

星野、高木、落合の「四半世紀」に寄り添ってきた男の言葉には、重みがあった。

終　章　立浪和義、不退転の決意

労いの拍手と怒号、痛烈なヤジが入り交じる喧騒の中、ホームベース付近に据えられたスタンドマイクに向かって、立浪和義はゆっくりと歩を進めていった。

私のＩＣレコーダーの冒頭には「辞めろ」という、ファンの叫び声が入っていた。

「今年のドラゴンズの成績と私への批判、不安。これをしっかりと受け止めて、秋から再出発します」

２０２３年10月３日、中日ドラゴンズ・シーズン最終戦セレモニー。

立浪和義は、チーム再建への〝不退転の決意〟を宣言した。

> **今年、この成績にもかかわらず、たくさん球場に足を運んでいただいた。それは若い選手への期待、そしてファンの皆さんのドラゴンズに対する熱い思い。そう受け止めています。**
> **私には、この若い選手を一人前にするという責任があります。そして来年、生まれ変わったドラゴンズを皆さんにお見せできるよう、秋から全力で頑張っていきます。**
> **来年、期待してください。**

２０２３年の中日は、球団史上初となる２年連続最下位と苦しんだ。

優勝した阪神には29ゲームもの大差をつけられ、チーム打率・２３４、本塁打71、得点３９０は、いずれもセ・リーグのワーストだった。

打てない。そして勝てない。

なのに、主催72試合での観客動員は２１８万３９５０人。前年の１８０万７６１９人からの19％増、１試合平均でも５千人近くの増加を見せた。

単にコロナ禍の影響が明けた、というだけとは言い難いほどの伸び率でもある。

落合博満が連覇を果たしながら監督を勇退することになった２０１１年が直近での〝ラストＶ〟。翌２０１２年からの12シーズンで、Ａクラスは２度しかない。

その間の監督も、高木守道、谷繁元信、森繁和、与田剛、そして２０２２年からの立浪和義と５人。結果が伴わないと、監督の任期がどうしても短くなってしまう。

星野仙一が初めての監督就任を果たしたのが１９８７年。そこを起点とした37シーズンのうち、星野が11年、高木は６年、落合が８年と、この３人だけで25シーズン。それぞれの色が浮き彫りになるまでに、じっくりと長期間、チーム作りを一人の監督に任せる傾向があっ

2023年の最終戦セレモニー

た中日が、この低迷期には平均3年にも満たない任期で監督交代を繰り返している。負の歴史にピリオドを打つ。その切り札こそが立浪和義だった。

私には、ありがたいことに、立浪和義という野球人との〝縁〟を結ばせてもらう、印象的な出来事があった。

そのことを、まずお話ししてみたい。

落合にレギュラーから外された立浪に「優勝手記」を依頼

２００６年、私にとって、サンケイスポーツでの「ドラ番1年目」だった。

当時の監督・落合博満の方針で、それこそ気軽に報道陣と選手、あるいは球団関係者らと試合前のベンチ前などで会話を交わすことすら難しい状況だった。

情報漏洩の疑いをかけられるなどするからだ。常にぴりぴりした空気感が漂い、担当になったというのに、挨拶のための名刺を切るタイミングすら掴めない。

選手との距離を詰めるような、ちょっとしたきっかけすらも見いだせない。

そんな中、優勝が着実に現実味を帯びてくる。

スポーツ紙には「独占手記」という優勝紙面に欠かせないものがある。選手の一人称でシーズンを振り返る恒例の企画原稿だ。ここに各社の独自性が表れるのだ。

主力選手や話題のスターには依頼が集中する。自分の社を選んでもらうには、番記者と選手との付き合いの深さや食い込み具合がモノを言う。

だから、シーズンも半ばに来ればだいたい予測がつく。

あの社の番記者は、あの選手と仲がいいから、手記はアイツやな、といったものだ。

そんな中で、私は不安が募る一方だった。

人事異動の都合で、私が赴任したのはその年の5月だった。だから春のキャンプ取材もできず、中日担当になって2カ月ほどしか経っていない夏のことだった。

一体、誰に頼めばいいだろうか。

そもそも、自分の存在が選手たちに認識されている自信もなかった。

そんな事情などお構いなしの会社から、容赦ない非情な命令が飛んできた。

「おい、優勝手記は立浪や。大阪で中日っていうたら、もう立浪しか分からんのや」

ハードルが、いきなり上がってしまった。

当時、立浪は不動のレギュラーの座が危うくなっていた。

通算2千本安打も達成した「ミスター・ドラゴンズ」は、台頭してきた森野将彦に三塁のレギュラーポジションを奪われたその夏、ベンチを温める日が増えていた。

「代打の切り札」といえば聞こえがいいが、むしろ控えに〝追いやられた〟形だ。

その立浪に、まだ名刺も切れていない大阪のスポーツ紙の番記者が優勝手記を頼む。繋がりもない。向かい合って話したことすらもない。

こりゃ、困った……。

それでも手をこまねいてはいられない。断られたら、次の候補を考えないといけない。有力どころは、どんどんと他社に決まっていくのだ。

意を決したある日、試合前練習が終わるタイミングで、立浪に挨拶に出向いた。

「優勝手記をお願いしたいんです」

それが、立浪との初めての会話だった。

「なんで、俺やねん」

その声には、怒りが混じっていた。

立浪の置かれている状況を考えれば、無礼にもほどがある。しかも初見に近い記者が、いきなり優勝手記を頼んできたのだ。

もう、とにかく私も必死だった。

「ウチは、大阪がメーンの新聞です。中日といえば、もう大阪出身の立浪さんしかパッとイメージができないんです。だから優勝手記は立浪さんしかいません。お願いします」

「ちょっと考えさせてくれ」

そう言い残して、立浪はナゴヤドームの一塁側ベンチを抜け、ロッカーへと続く細い廊下をすたすたと歩いていった。

背番号「3」の後ろ姿を、黙って見送るしかなかった。

内心、ダメだろうと思った。断られても仕方がないと思う一方で、番記者としては、手記の依頼を断られるなんて、なんと情けないことだろう。

その翌日だった。

中日スポーツの記者から「立浪さんが探していましたよ」と声を掛けられた。

慌てて、立浪のもとへ向かった。

「分かった。やるわ」

私は、立浪に窮地を救ってもらったのだ。

手記の依頼後から代打で「5打席連続安打」

その年、7月1日の広島戦（ナゴヤドーム＝当時）に「6番・サード」で先発出場したのを最後に、立浪の名前はスタメンから消えた。

8月9日の広島戦で6回に代打で登場して右前打を放ったが、それが8月では4度目の代打で、8月に入っての初ヒットだった。

その後も7度の代打機会がありながら、立浪はノーヒットが続いていた。

実は、手記を依頼したのは、その「11打数1安打」と、慣れない代打稼業に戸惑っている真っ最中だった。

ところが、手記をお願いした後から、立浪のバットに快音が戻るのだ。

8月26日、横浜戦。7回に代打で二塁内野安打。

8月27日、横浜戦。6回に代打で右前タイムリー。

8月31日、阪神戦。9回に代打で右前打。

そして、特筆すべき瞬間がやってくる。

9月2日、巨人戦。2死満塁の6回、立浪が代打でコールされると、走者一掃となる左中間への三塁打。ＰＬ学園高の後輩・福留孝介との計6打点で、2人でお立ち台に立った。

9月5日、ヤクルト戦。8回に代打で中前打。

代打で「5打席連続安打」をマークしたのだ。

「あれから、縁起、ホンマにええんよ。ありがとう」

ある遠征先でのことだった。移動のバスを降り、ロッカーまで続く動線で、立浪から思いも寄らぬ〝感謝の言葉〟を掛けられた。

お礼を言いたいのは、こちらの方だ。

17年ぶりに〝1対1での取材〟

優勝手記の取材は、遠征中の横浜。選手宿舎のホテルだった。

試合後に向かい合ったのは、最上階にあるラウンジ。ピアノの生演奏が流れる、何ともムーディーな雰囲気の中での取材だった。

「喜瀬さん、お酒飲む？」

私は下戸で、乾杯のビールを一口飲んだら、もう顔が真っ赤になる。

「よかったわ、俺も飲まれへんねん」

男二人、オレンジジュースで乾杯して、語り合ったあのシーンは、今でも鮮明に思い出せる。取材の場ではマナー違反なのは承知の上で、色紙にサインももらった。

代打での〝5打席連続安打〟から繋がるご縁を、今こそ、もう一度生かす時だった。

この本に、監督・立浪和義として登場してもらいたい——。

『ホークス3軍はなぜ成功したのか？』を出版した２０２０年は、ソフトバンクが4年連続日本一を達成。『オリックスはなぜ優勝できたのか』は２０２１年。当初は「四半世紀優勝できない理由」だったが、書いている途中で優勝の流れになり、中身も題も切り替わった。

そして『阪神タイガースはなんで優勝でけへんのや？』。

２０２3年4月に出版すると、38年ぶりの日本一。想定外の〝逆張りの題〟になってしまったが、私が書けば「優勝」という、不思議な流れが続いている。

もちろん偶然の産物以外の何物でもない。因果関係などあるはずもない。

それでも、私が書いた球団は『3連覇中』です。

その〝縁起の良さ〟を取材申請書に書いてみれば、とアドバイスしてくれたのは、この本の編集担当・三宅貴久だった。

広報部（現NPO法人ドラゴンズベースボールアカデミー事務局長）の石黒哲男も「そういうのは、絶対に書いておくべきですよ」。ソフトバンク、オリックス、阪神と来て、今回は中日を書きます。

それを太字にして強調した取材申請書を監督付広報・小林正人のメールに送付した。

朗報は、その4日後に届いた。

「監督の取材、OKになりました」

小林からの電話連絡を受け、秋季キャンプ中のナゴヤ球場へ足を運んだのは、あの〝最終戦での誓い〟から、およそ1カ月が過ぎた2023年11月18日のことだった。

午前の練習が終わり、ナゴヤ球場横にある選手寮「昇

立浪和義監督。17年ぶりの対面取材

竜館」の前で待っていると、立浪がこちらに向かってやってきた。

「どうぞどうぞ、こっちでやりましょう」

玄関を入ると、すぐ正面にソファが据えられた応接室がある。

横浜のあの夜以来、17年ぶりに、立浪と向かい合うことになった。

大阪出身の「名古屋の顔」

ずっと、聞きたかったことがあった。

大阪で生まれ育ち、高校も大阪の名門・ＰＬ学園高だ。

なのに、名古屋に腰を下ろし、中日一筋で現役生活を送り、他球団のユニホームを一度も着ることなく、ドラゴンズの監督として、再びここへ戻ってきた。

その間も、名古屋にずっと住み続けている。

「36年。大阪は18年。ただ、３年間は寮に入っていたので、実質中学生まで。自宅から中学校には通っていたんで、もっと言うなら15年くらいですよ、大阪は」

ここまでの章でも何度となく言及してきたことだが、名古屋の地は、名古屋に〝忠誠〟を誓った中日の選手たちを実に温かく見守る、優しい風土でもある。

　星野仙一は岡山、山本昌は神奈川、川上憲伸は徳島、福留孝介は鹿児島、荒木雅博は熊本だし、井端弘和も神奈川出身だ。

　アウトサイダーたちが多いのに、彼らもなぜか、名古屋のイメージが強い。

「大阪と何が違うか、といわれると、中学生までだからそんなに街に出かけたりもしていないんで、人ともあまり接する機会もないじゃないですか。だから、実質、いろんな教養的な部分や人付き合いも含めて、経験したのは名古屋なんですね。『住めば都』って言いますけど、実際、名古屋って環境的にもどこに行くのにも、そんなに遠くないですし、大阪とか東京みたいに、すごく（道路が）渋滞することもない。もう一つ、ドラゴンズファンの熱狂的なところもある。一番に感じるのは、やっぱり地元愛のすごいところなんで、今でもそうですけど、地元の選手には、特別な見方がありますね」

　立浪和義も、もはや「名古屋の人」と言ってもいいくらいのイメージだ。そして「ミスター・ドラゴンズ」と呼ばれるまでになった今も、ちょっとした違和感があるという。

「受け入れてもらえるのに、まあ、分かりやすくいえば、時間がかかるということですよ。外から来た人からすると何年も、ですね。野球選手であれば、成績を出せば受け入れてもらえるし、応援してもらえるんですよ」

3代目・ミスター・ドラゴンズが積み重ねた数々の球団記録

ドラゴンズ一筋22年の現役生活で、積み重ねた数字は驚異的だ。

出場試合２５８６、打席１万33、安打２４８０、得点１１７５、打点１０３７、二塁打４８７、塁打３５５６、犠飛69、四球１０８６。

ここに列挙した通算記録は、すべて立浪が樹立した「球団記録」でもある。

誰よりも試合に出て、打席に立ち、ヒットを打ち、ホームへ帰って来た。

歴代の「ミスター・ドラゴンズ」は、球団の歴史に記録とその名を刻んできた男たちだ。

初代・西沢道夫は投手として60勝、打者として１７１７安打の二刀流で名をはせた。球団史上初のノーヒットノーランを達成し、１９５２年（昭和27年）には首位打者と打点王の２冠。１９５４年（昭和29年）、球団創設19年目で初のリーグ制覇、日本一を果たした時、打の主力が西沢、そしてエースがフォークボールの神様・杉下茂だった。

２代目・高木守道は、岐阜生まれ、岐阜育ちの〝フランチャイズ・プレーヤー〟だ。

守備では華麗なるバックトス、打っては球団史上初の２千本安打達成で名球会入り。ドラゴンズ一筋での野球人生を送り、監督も２期６年にわたって務め上げた。

大阪出身の立浪和義は、積み上げてきた記録とその存在感が、立浪和義を〝名古屋人〟たらしめ、３代目の「ミスター・ドラゴンズ」と呼ばれるようになった所以だろう。

「保守的、排他的って、よく名古屋で言われるじゃないですか。外から来た人がそういう言葉を使うんですけど、これは、ヨソから単身で来たり、どこかの社長を任されたり、これから名古屋で商売を始めよう、と言われる方々が使う言葉なんですね。名古屋の方々の耳にも入っているとは思うんですけど、そういう風には感じていないと思いますね」

『愛三岐』東海３県出身者に送られる格別の声援

外から来たからこそ、名古屋というその風土を俯瞰して見られるのだろう。

「長くはいさせてもらってますけど、ホントの地元かと言われたら、そこまで受け入れてもらっているかどうか、というのはありますね。やっぱり地元の選手はまた別物ですよね、このチームは」

立浪が監督として率いている今、地元出身の選手たちが増えている。

高橋宏斗は愛知・中京大中京高のエースとして活躍し、２０２０年ドラフト１位で入団すると、２０２３年ＷＢＣでも、日本代表の一員として世界一に貢献。22歳になる２０２４年に、さらなる飛躍が期待される〝次代のエース候補〟だ。

根尾昂は、大阪桐蔭高時代にエース兼遊撃手の二刀流で活躍し、２０１８年に春夏甲子園を制覇しているが、生まれ育ったのは岐阜。エース兼主砲の二刀流で２０１９年春のセンバツを制覇した石川昂弥は愛知・東邦高出身、２０２２年のセ最多安打・岡林勇希も三重・菰野高出身。彼らの出身地は「愛三岐」と呼ばれる愛知、三重、岐阜の東海3県になる。

彼らへの声援は格別だ。だから、根尾の処遇に関してもあれだけ騒がれるのだ。

「地元の選手は、やっぱり違うところがありますよね。地元の選手が活躍したらもうすごいですし、少々悪くても文句は言われないですよね。地元の選手が活躍すると、周りの知り合いだったり、昔で言うタニマチであったり、すごく持ち上げるんで、だから意外に地元の選手がすごく大成した例が少ないのは、そこにあるのかなと思いますね。僕らは、外から来ているんで」

そうした名古屋の〝機微〟を立浪は分かっているからこそ、ドラゴンズの良さも欠点もくっきりと見えてしまうのだ。

名古屋は中日の選手に優しい

監督付広報の小林正人から「20分くらいでお願いします」と告げられていた。

午前の練習が終わり、午後の練習に入るまでのランチブレークを使っての取材だった。頭と体を休め、一息つくその時間を、立浪はわざわざ割いてくれた。

録音のレコーダーは「33分30秒」と記されていた。

２０２４年への決意は、これまで新聞や雑誌では目にしなかった話にあふれていた。

同業の仲間たちを批判するわけではないが、立浪が秘めていたこの熱い思いが、どうして伝わり切ってないんだと、ちょっとばかり苛立たしい思いが湧いたのも正直なところだ。

指揮官の真意が、広まっていないんじゃないのか――。

「いえいえ、結果がすべてですよ。だから、もう『すみません、頑張ります』って言うてね、いちいち説明してるのがもう、面倒くさいしね。監督が悪いんですよ。自分が帰ってきて、こんな成績になったわけです。それでいいんですよ」

球団史上初の2年連続最下位。その屈辱も、不成績も、負の歴史も、すべては「監督の責任」という言葉に帰するのが、この世界の厳しさでもある。

ただ、名古屋という街は中日の選手に「優しい」という印象が、立浪には強いという。

「僕もこの成績で、監督の責任でいろいろな批判をたくさん受けたし、叩かれたりしましたけど、選手って何も言われないでしょ？　ある意味、全部自分に集中したんで、それはそれでよかった。でも、阪神とかだと、一つのミスに対して、すごく選手が責められるじゃないですか。それでダメになっていく選手もいるかもしれないんですけど、やっぱり恥をかきたくないんで、必死になるじゃないですか。そこの地域性の違いっていうのはすごくありますね」

２０２４年は、３年契約の３年目。

腹はくくった。勝負をかける。己のすべてをかけて、ドラゴンズを立て直してみせる。そのために、立浪和義はこの2年をかけ、大ナタを振るい、その土壌を耕してきた。

そこにチームの支柱となり得る、百戦錬磨のベテランを据えたいというのが、２０２４年へ向けての立浪構想における〝核〟だった。

思い描いていた理想の存在が、中田翔だった。

「一応、自分の意向も伝えてはいます。球団にも真剣に検討してもらっています。そうなればいいな、と思っている段階なんですが、実績とか経験のある選手が入って、若い選手がうまく育ってほしいというのがありますね」

話を聞かせてもらったのは、繰り返しになるが２０２３年11月18日のことだ。

中田翔選手入団会見

中田翔が巨人との3年契約の1年目を終え、自ら契約を放棄する「オプトアウト」を選択して、巨人を退団することが判明したのは、そのわずか4日前だ。球団サイドも立浪の意向を受け、中田獲得の成否に関して、ひそかに調査を始めたばかりの頃だったようだ。

獲れないケースだってもちろんある。仮に中田が加入しなかった場合、そのポジションを争うことになるライバルの一塁手や右打者にすれば、心中は穏やかではないはずだ。

俺は期待されていなかったのか、中田が獲れなかったから俺なのか。そうした選手の不満が、チーム全体の士気にも影響しかねない。だから、獲れると決まる前に、監督やフロント首脳が公にその構想を話したりはしないものだ。「水面下」という決まりのフレーズは、そうしたセンシティブな案件を覆うオブラートのようなものでもある。30年近く野球界での取材を続けているが、大抵、そういう流れで事が進むのは、経験則から理解できる。ただ、話を聞かせてもらった時点から、この本が出るまで半年近くあることも立浪は分かってくれていた。

それも踏まえて、だからこそ、胸に秘めていた本音の部分も明かしてくれたのだろう。

２０２３年12月３日、球団は中田から「お世話になります」と受託の返事があったことを公表。そして立浪が同席のもと、中田の入団会見が行われたのは、その３日後の１２月６日のことだった。

野手41人のうち30人が〝立浪政権下での加入〟

ここで、中田の加入による驚きのデータを紹介しよう。

支配下、育成含め、２０２４年に向けての野手の陣容は、中田を含め計41人となった。

このうちの30人が、入団３年目以内の若手、あるいは２０２２年からの立浪政権下で移籍してきた選手になる。

つまり、野手の「7割強」が、ガラッと入れ替わったことになるのだ。

２０１１年、リーグ連覇を果たしながら監督８年目の落合博満が退任。以来、中日は優勝から遠ざかり、２０２３年までの12シーズンでＡクラスはわずかに２度だけ。立浪が監督に就任した２０２２年から、球団史上初の２年連続最下位に陥っている。

中日での優勝を経験した現役選手が、野手では38歳の大島洋平、投手でも35歳の大野雄大の二人だけになってしまった

　こうなってくると、妙な〝負け癖〟がついてくる。

　首脳陣がいくら自己犠牲やチームプレーの重要性を説こうとも、それがチームの成績に繋がらないという空しさゆえに、個人のパフォーマンスにそれぞれの関心が向いてしまうのは、この世界の常でもある。

「勝つために」という発想に、どうしても至らなくなってしまうのだ。

　２０２２年オフ、レギュラーの遊撃手だった京田陽太はＤｅＮＡの左腕・砂田毅樹《よしき》と、二塁手の阿部寿樹は楽天の右腕・涌井秀章と、それぞれ交換トレードが断行された。

　京田は２０１７年、中日では川上憲伸以来となる19年ぶりの新人王。２年目の２０１８年は１４３試合、コロナ禍の２０２０年も１２０試合のチーム全試合出場。ルーキーイヤーからの６年間で７００試合に出場を果たしていた、新たなる「中日の顔」だった。

　阿部も、プロ４年目の２０１９年に１２９試合出場、打率・２９１でセ打撃成績10位。２０２２年も１３３試合出場。チームの核ともいえるセンターラインの２人を放出したのだ。

　２人の実績と持てる能力は、その数字が物語っている。

ただ、周囲の証言を集めてみると、どうしても〝自分本位のプレー〟が目についたのだという。例えば走者二塁なら、右方向に打って二塁走者を進塁させる。そうしたチームプレーの要素がどうしても欠けてしまったのだ。

勝つチームなら、その自己犠牲が報われる。チームが弱いと、その気持ちがどうしても失せてしまう。まさしく負の連鎖、悪循環が止まらなくなるのだ。

２０２４年から〝新しいドラゴンズ〟になる

立浪は、監督になることが「自分の次の目標だった」という。

２００９年の現役引退後、他球団から指導者としての誘いもありながら断り、まさしく初志貫徹。監督として、中日に帰ってきた「ミスター・ドラゴンズ」にとって、チームリーダーともいえる２人のプレーから〝チームへの思い〟が感じられなかったのが、歯がゆくて仕方がなかったのだ。

その負け犬根性を、何としても払拭しなければならない。

「１年目、２年目が終わって、ずっと最下位ですから、理由はどうあれ、やっぱり結果の世界なんでね。言われることはホント、当たり前だと思う。当然監督って、誰でも勝ちたいんですよね。ただ1年目をやらせてもらった時に、ずっと低迷しているレギュラー陣を、自分は変えないといけないと思ったんです。結局、ほぼ、２０２４年で入れ替わるような感じですね。でも正直に言えば、１年遅れたな、というのが自分の中ではあるんです。だから、２０２４年から、ホントに〝新たなドラゴンズ〟が始まっていくかな、という風には思っているんです」

京田と阿部を放出し、２０２２、23年ドラフトでは6人の内野手、それも二遊間の選手を獲り、激しい競争原理を働かせた。２０２４年へ向け、中田以外の野手でも前巨人・中島宏之、前ソフトバンク・上林誠知《せいじ》、前阪神・山本泰寛、板山祐太郎の４人も補強した。

中日の弱点は「打」にあることは、数字が物語っている。

繰り返すが、２０２３年のチーム打率2割3分4厘、チーム得点３９０、チーム本塁打71はいずれもセ・リーグ最下位。特に３９０得点は同リーグ5位の広島を１０３点も下回り、トップの阪神には１６５点もの大差をつけられている。

だからこそ、勝負強さを誇る長距離打者は最優先の補強ポイントだった。

中田は日本ハム時代に10年連続１００試合以上の出場を果たし、３度の打点王。２０２３年までの通算３０３本塁打は、西武・中村剛也（４７１本）に次ぐ現役2位の数字だ。

中島は通算１９２８安打。直近３年間での得点圏打率は３割を超えている。

上林もプロ４年目の２０１８年、１４３試合すべてに出場し、打率・２７０、22本塁打をマークした。その後の成績こそ伸び悩んでいるが、一時期は〝柳田二世〟とまで呼ばれたポテンシャルを誇るだけに、新天地での覚醒に期待がかかる。

反撃への態勢は、整いつつあるのだ。


師・星野仙一ばりの〝血の入れ替え〟


立浪は現役での22年間、ルーキーイヤーを含め、監督・星野仙一のもとで10年間プレーしている。

その星野も１９８６年オフ、ロッテから落合博満を獲得するために、当時のリリーフエースだった牛島和彦を含めた４選手とのトレードを断行した。またナゴヤ球場からナゴヤドーム（当時）に本拠地が移転したことで、その広さに対応するチーム作りのために、１９９７年オフに主砲・大豊泰昭、捕手・矢野燿大《あきひろ》を交換要員として、阪神から足と守備力に定評のあった関川浩一、久慈照嘉の２人を獲得、１９９９年の〝ドーム初Ｖ〟へと繋げている。

阪神監督時代も、４位に終わった就任１年目の２００２年オフに自由契約、引退、トレードなどで24人の選手を入れ替えると、翌２００３年にリーグ優勝を果たしている。

その「師」譲りともいえるドラスティックな〝血の入れ替え〟の象徴が、今回の中田獲得に表れていると言ってもいい。

「星野さんは、とにかく厳しかった。初めにやっぱり、いろいろな意味ですけど、厳しい指導者のもとでやらせてもらったのは、誰が監督をやっても、星野さんのもとでやっていれば、何も問題がないんじゃないですか。それくらい勝ちに対しての厳しさとか執念というものを、しっかり植えつけてもらいました。野球に取り組む姿勢もそうですし、勝負に対する貪欲さであったり、当時は毎日、ミーティングもあったりね。もう徹底して、意識づけというものを、知らず知らずのうちに植えつけてもらいました」

その「勝利への執念」を、中日に取り戻させたいのだ。

高木守道のもとでも、４年間のプレー経験がある。

１９９４年10月８日、勝った方が優勝という〝史上最高の決戦〟の巨人戦で、３点を追っての８回、三塁への高いバウンドの当たりを放った立浪は、一塁へヘッドスライディングして、左肩を脱臼。そのまま途中退場している。

その熱さが、今、中日には感じられない。

「高木さんになった時は、選手を大人扱いで一人前に見てくれたところはあるんですが、正直、チーム全体がちょっと緩みましたよね。高木さんは気を使って選手任せにしてくれたんですけど、星野さんから交代したらそりゃ緩みますよね、人間、誰でもね、ちょっとはね。ただやっぱり、プロ野球というのは、監督が誰であろうと、自分のことをしっかりやらないといけない。そういう意味では山田（久志）さんの時に４番を打たせてもらったりして、そこでもう一回、（心の）張りを与えてもらったというのはありましたね」

星野の退任後、その後を継いだ山田久志の監督１年目だった。

２００２年７月、当時の助っ人、レオ・ゴメスが帰国。キューバの至宝と呼ばれたオマール・リナレスが途中入団したが、こちらも８月初旬から欠場。立浪は「４番」を務め、山田政権２年目の２００３年７月５日には、球団史上３人目の通算２千本安打を達成、三塁手でゴールデングラブ賞は、遊撃、二塁に続き、史上初の３ポジションでの獲得となった。

続く落合のもとで、立浪は〝勉強〟をさせてもらったという。

「落合さんの時は、最初はもうホントに、何も言われずに任せてもらった。プロだから結果を出せば当然ですよね。ただ、やっぱり衰えてきたり、結果が出なくなったりした時に代打に回された。もうほとんど口を利くこともなかったんですけど、控えを経験させてもらった。

今でいうコミュニケーションも全くなく、ホントに力のある人が優遇されて、ダメな人は斬られていくという、はっきりした方針ですよね」

立浪の分類でいえば、高木、山田の今でいう〝選手ファースト〟の姿勢は共感しやすいだろう。ただ、そこに成績が伴わなければ、それは「甘さ」に繋がる。

中日が、どことなく今、緩く見えるのはその部分なのだろう。

立浪は、そこに師の〝星野イズム〟を注入しようとしているのだ。

「野球って最近、選手ファーストの時代、ってなって、WBCでもね。でも、あくまでも力のある選手が揃っているなら、それでいいと思うんですよ。自分が厳しいとか何とかだって言われますけど、自分なりに選手にはもちろん気を使ってやっています。ただやっぱり、甘いだけでは、今ドラゴンズはこんなに低迷しているのに、強くなるわけがないんですよ。やっぱり最低限の厳しさは、練習をやらせることも含めて、今のチームには必要だと思っています。負けるといろいろなことを言われるのは仕方ない。だけど、だから誰かのやり方を取り入れるとかそういうことじゃなくて、自分の考え、自分の方針がコロコロ変わってもいけないと思うんで、いいものはいい、悪いものは悪いとはっきり、選手には伝えるようにはしたいと思っています」

WBCでの栗山英樹、サッカー日本代表監督の森保一が典型例だろう。

選手をサポートする〝伴走型〟とでもいおうか。監督が前面に出てこない、むしろ部下たちと目線を合わせる〝フラットな位置関係〟は、かつてのカリスマ型とは対極にある。このスタイルが、部下からすれば「理想の上司」だと言われるのは当然だろう。

しかし、立浪の言う通り、そこに選手個々の高い技術レベルと自らを律する心、強い精神力が伴っていなければ、ただの〝好き勝手〟になる。

高木も、山田も、落合も、立浪を『個』として尊重してくれた。しかし、自主的に考えて動けるという、その一流レベルに達していないのであれば、星野のような〝頑固系〟のリーダーが、強引なくらいに引っ張り上げるような指導法だって、時には必要になる。

トップダウンの組織作り、つまり細かく、厳密に指示を送って部下を動かす「マイクロ・マネジメント」では、令和の新時代に通用しないといった外野の声は、立浪の耳にも聞こえている。しかし、そんなことは立浪だって百も承知なのだ。

今の中日の〝チーム力〟では、WBCで見せた「栗山式」は通用しない。個の力に任せられるだけのレベルに達していないという、立浪の見解にはうなずける部分が多い。

立浪は、嫌われても、それをやろうとしている。

それが、ドラゴンズの復権のためには不可欠な要素だからだ。

昨夏、ＳＮＳ上で大きな話題を呼んだ「あのこと」も、このマネジメントスタイルに繋がってくる、一つの現象だったのかもしれない。

試合前に腹いっぱい食べるのか？

２０２３年夏、ＳＮＳ上で『米騒動』のフレーズが席巻した。

その頃、調子を落としていた細川成也が、試合前にお腹いっぱい、ご飯を食べているように見えたという。立浪は、その〝復調策〟の一つとして「ご飯を減らせ」と提案したところ、そこから細川の成績が再び上がってきた。

そうした流れの中で、選手サロンから白ご飯のジャーが撤去されたのだ。

中日では、白飯が食えない――。

これを一部メディアが「米騒動」の見出しで報じたのが、一連の騒ぎの発端だった。

しかしそもそも、試合前に満腹になるまで食べるだろうか？

「そうですよ、当然ですよ。緊張感がなさ過ぎるんですよ」

立浪の舌鋒が、鋭くなった。

「試合前から、試合に入るルーティンで緊張していれば、もちろんお腹がすく時だってありますよ。でも人間って、食べて胃の消化をすることに集中したら、絶対に眠くなるじゃないですか。そんなの、当たり前のことですよ。別にそんなことで、自分は悪いことも間違ったことも言ってない。ちゃんと現に、おにぎりくらいは置いていますから、全く食べるなとか、そういうことも言ってないんでね。最近、報道の自由っていうのはあるかもしれませんけど、行き過ぎですよね。批判が成長を妨げますよね。だから、あんまり度を越したら、こっちも何もしゃべらんよ、という話になりますよ。もう何をしゃべっても、しゃべった部分の一コマ、悪い言葉を切り取って出すんで、疲れますよね」

メディアの一員として、野球記者の端くれとして、耳が痛かった。

最近では、試合後にあまり間を置かず、消耗したエネルギーを補充するのがコンディションを整えるためにも重要だということで、ユニホームから着替え終わった選手たちが、栄養バランスが計算された定食などを食べているシーンを、よく見かけるようになった。

中日も、試合後にはそうしたメニューが準備されているのだ。

なのに「試合前に食べるな」という事実の一端だけをつまんで、関心を引きそうな短いフレーズで騒ぎ立て、それが瞬時に伝わり、しかも増幅されていく。

ＳＮＳ時代の、実によくない風潮だ。

「４、５年前まではなかったことですよね。頻繁に、ああやって野球界のニュースが流れるなんてね。あんなに出なかったでしょ？」

その変化に、私も戸惑っているのが、正直な思いでもある。取材の中身より、原稿の良し悪しより、いかに早く、そしていかに世間の関心を集めるかの方に焦点が移ってしまった。だから『米騒動』とは、まさしくＳＮＳ時代にはうってつけの、キャッチーなフレーズだったことも、また間違いのないところではある。

「なんでそれが、球団内部からああやって漏れる、っていうことですよ。それがこの球団のダメなところですよ。そこは問題ですよ」

その緩んだ空気を引き締めるために、立浪は〝睨み〟を利かせようとしている。

周りが一目置く存在が放つ「緊張感」

中田獲得は、チーム内の厳しさを取り戻すために立浪が断行した一手でもある。

「今みんな、人のいい、優しい子ばっかりなんですよ。でも、選手が選手に対してピリッとする先輩とか、時には僕らが叱るより、選手が叱ってくれた方が効き目はあるんですね。

『そういうこと、ちゃんとせい』とか言ってくれる先輩が今、いないんです。自分たちが現役の時、落合さんで強かった時は、もちろんレギュラー陣が揃っていたというのもあるし、谷繁（元信）であったり、自分であったり、少なくとも選手は、ロッカーでも緊張感を持っていたと思うんです。アカンことに対しては、荒木（雅博）や井端（弘和）にも、『ダメなことはダメやぞ』って、はっきり僕は言いましたんでね。そういう風になってこないと、チームって絶対強くならないんで」

だからこその「中田翔」なのだ。

3度の打点王という、勝負強さを物語る実績も裏づけとなり、その風貌や存在感を見ても、どんと肝が据わっている雰囲気が漂っている。

「若い選手も、一目置くわけでしょ。そこが必要なんですよ」

周囲が引き締まるような、その〝胆力〟が欲しいのだ。

立浪の、そして「監督」という重責の苦労が、ひしひしと伝わってきた。

「そりゃ、これだけ負けると面白いわけはないし、苦しいことの方が多いです。ただ、後に『ああやってよかったな』と言われるように、しっかりとやっていかないと、ドラゴンズを変えていかないといけないと思っているんで、そこだけは信念を持って、何を言われようがやっていく。その場しのぎ、って言われるかもしれないですけど、補強も含めて若手選手が育っていくためのことでもあります。勝つ味を覚えないといけないんです。ずっと負けているから、それが当たり前みたいになってるんでね」

「ホームランテラス」の要望は「ビジターと条件を揃えるため」

バンテリンドームに「ホームランテラス」を造ってほしいという要望も、立浪は公言し続けている。これも「打てないから、球場を狭くする」という趣旨で、立浪の言葉が広がっているところがある。私もそう思っていた。

ところが、立浪に聞いてみると、発想が『逆』だった。

「ホームでピッチャーの防御率がいいのは当たり前ですよ。それで、ビジターとの成績がはっきり出るでしょ？　点が取れないわりに、ビジターに行ったらピッチャーが打たれるんで、だからそこを解消するためには、早く〝同じくらいの球場〟にしないと、ビジターとの差が埋まらないですよね。今、球場を変えたら、打たれる方が多いでしょう。最初はやられるかもしれないですけど」

狭くしよう、という意図ではなく、他と揃えないと〝内弁慶〟になるというわけだ。

その視点で、中日の２０２３年のチーム成績を見直してみた。

ホーム72試合で、30勝39敗3分け、勝率・４３５。

ビジター71試合、26勝43敗2分け、勝率・３７７。

チーム打率は、ホーム・２３３、ビジター・２３５で「打てない中日」はチーム打率・２３４でセ最下位、本塁打も71本でこちらも最下位だ。

極端だったのは、チーム防御率だった。

ホームでは２・６３。これがビジターでは３・５７に跳ね上がる。

被本塁打も、ホーム26本、ビジター50本。

広いバンテリンドームの特性を生かしているといえば聞こえがいいが、これだけのアンバランスが目立つと、ビジターでは野球が変わってしまう。

「そうですよ。ビジターに行ったら勝てそうな気がしないですもん、この2年間」

ホームランテラスを作るのは、打線の弱さを補うというネガティブな発想ではなく、とにかく、ビジターと〝条件を揃える〟という視点で、立浪は主張しているのだ。

「バッターは気の毒。あの広いグラウンドでは育たないです。よっぽど力がないと」

外野フェンスの前に、テラスを設ける。もちろん、相手にも打たれるだろうが、チームの本塁打は増えるだろう。何しろ、ナゴヤドームが開場した１９９７年以降、中日の日本人選手で30本塁打以上を放ったのは、２００６年に31本塁打を放った福留孝介と２０１０年に37本塁打の和田一浩（現中日1軍打撃コーチ）の２人しかいない。

　投打のバランスを整えるという、その大局的な意味合いはもちろんだが、テラスで生まれる空間に座席を設置すれば、観客動員のアップにも入場料収入にもメリットがある。

　ナゴヤ球場のラストイヤーの１９９６年、39発を放った山﨑武司が、中日の日本人選手では直近の本塁打王だ。つまり、ドームでは日本人選手の本塁打王が誕生していない。

バンテリンドーム　ナゴヤでは他球場の〝半分〟しか本塁打が出ない

統計学者で、江戸川大学の客員教授も務める鳥越規央は、野球選手のデータを統計学的な見地から分析し、選手の評価や試合の戦略立案に活用するための「セイバーメトリクス」における、日本の第一人者と言われている。

　その鳥越が、２０２２年４月９日に「現代ビジネス」で配信した記事の中で「パークファクター」という指標に言及している。

　球場の条件による成績の偏りを数量化したもので、その一つとして「本塁打パークファクター」を挙げている。

計算の仕方は、以下の通り。

当該球場の１試合あたりの本塁打と被本塁打を足したものを、他の球場での１試合あたりの本塁打と被本塁打を足したもので割る。それが「１」より大きければ、当該球場が他の球場よりホームランが出やすく、小さければ出にくいということになる。

２０２１年のデータになるが、その「ホームランファクター」を見れば、バンテリンドーム ナゴヤで、いかに本塁打が出にくいかは一目瞭然だ。

バンテリンドーム ナゴヤ　（中日）０・５７
東京ドーム　（巨人）１・４０
甲子園球場　（阪神）１・０２
横浜スタジアム　（ＤｅＮＡ）１・０２
マツダ スタジアム　（広島）０・７０
神宮球場　（ヤクルト）１・４４
福岡ＰａｙＰａｙドーム　（ソフトバンク）１・４０

ＺＯＺＯマリンスタジアム　（ロッテ）１・４９
メットライフドーム（当時）　（西武）１・０７
楽天生命パーク（当時）　（楽天）０・６６
札幌ドーム（当時）　（日本ハム）０・７７
京セラドーム大阪　（オリックス）０・８２

他のセ・リーグの本拠地と比べても、バンテリンドーム ナゴヤで本塁打は半分ほどしかでないというわけだ。

福岡ＰａｙＰａｙドームでは２０１５年、ＺＯＺＯマリンスタジアムでは２０１９年、外野フェンス前に観客席を設置して、ホームランのゾーンを広げている。

他球団もやっているのに、中日がホームランテラス設置に躊躇《ちゅうちょ》している理由が「よく分からないんですけど」という立浪の思いは、決して監督の独りよがりではない。

むしろ、強いドラゴンズを取り戻すためにやってみるべきだと、多くのＯＢやファンが思うのも仕方がないほどの〝エビデンス〟が出ているのだ。

「10年前のドラフトからずっと失敗」

その〝ドーム改修〟とともに、立浪が主張しているのは「ドラフト改革」だった。

「悠長なことを言うわけじゃないんですけど、今のチーム、これから編成とかドラフトがうまくいって、２、３年後には強くなると思うんです。遡れば、10年前のドラフトからずっと失敗ですよね。その10年近く前のドラフト１位、２位ってほとんどいないんで、そこから３、４人、主力としてやっていればよかったんですけどね」

そこは、落合がＧＭをしていた時の〝弊害〟だと断言せざるを得ない。

２０１３年、支配下６人、育成２人を獲得したが、その中で２０２４年も現役で中日にいるのは、２０２３年までに４６３試合登板、１３１ホールドの鉄腕・祖父江《そぶえ》大輔一人だ。

ひどいのは翌２０１４年で、支配下９人は社会人５人、大学生３人、独立リーグ１人。しかし、４人の投手は１勝も挙げられず、野手５人のうち２０２４年も現役なのは、２０２１年にロッテに移籍、２０２３年に中日に復帰した捕手の加藤匠馬１人しかいない。

他球団に目を移すと、２０１４年は豊作ともいえるドラフトだった。

オリックスは、１位が左腕・山﨑福也《さちや》（明大・２０２４年から日本ハム）、２位は２０２１年から３年連続でパ三塁のゴールデン・グラブ賞を獲得した宗佑磨（横浜隼人高）、日本ハムの

１位は右腕・有原航平（早大、現ソフトバンク）で、西武１位はその前年夏の甲子園優勝投手・高橋光成《こうな》（前橋育英高）で、ロッテ１位は内野手の中村奨吾（早大）、ＤｅＮＡの１位は守護神・山﨑康晃（亜大）だった。

10年後、彼らをチームの主力に育て上げた球団は、それがチーム成績に反映されているのだ。即戦力重視の落合補強の〝ツケ〟が、立浪政権下で出ているのは皮肉なものだ。

立浪が理想に置くのは、オリックスだという。

「ファームの層が違うじゃないですか。２０２３年のドラフトを見ても、チームにいいピッチャー陣がいるし、余裕があるから、すごくいいドラフトをしているって思うんですよ」

山本由伸がドジャースへ、山﨑福也が日本ハムへ移籍しても、３年連続２桁勝利の左腕・宮城大弥、２０２３年に９勝を挙げ、新人王を獲得した山下舜平大《しゅんぺいた》、育成入団ながらプロ６年目の２０２３年に６勝を挙げ、日本シリーズでも先発した東《あずま》晃平ら、続々と新たな投手が台頭中だ。

これだけ戦力が充実しているからこそ、次世代をじっくりと育てる余裕が生まれる。

２０２３年ドラフトも、１位指名は長野・上田西の遊撃手・横山聖哉。２位には愛媛・聖カタリナ学園の右腕・河内康介と、将来性豊かな高校生を指名してきた。

「僕らがいいな、と思っているのは、やっぱり上位で挙げてきますよ。ウチは今、そこまで（高校生中心の指名）はできない。足りない部分のポジションを獲っていかないといけないんで」

オリックスも、２０２１年が25年ぶりの優勝だった。２０００年から２０２０年までの21シーズンでＡクラスは２度だけで、最下位は９度もあった。

弱い時期、社会人中心の即戦力ドラフトだったのが、２０１４年頃から高校、大学生重視のドラフト戦略に切り替え、中長期のスパンでの育成計画を進め、そうした重点強化の選手たちが主力となった頃に、オリックスは一気にチーム力が上がり、２０２１年からリーグ３連覇を果たしている。

この〝オリックス再建モデル〟が、中日の見習うべき前例になる。

そのために、中田や中島のような実績のある選手を補強することで「勝つ」という結果を出しながら現有戦力を底上げし、新陳代謝のサイクルを生み出していかなければならない。

「これだけ人を変えたんで、こっからですよ。２０２４年は、もうちょっとまともな野球ができると思います」

強い中日ドラゴンズを取り戻す。その〝下地〟は、整い始めているようだ。

ソフトバンク、オリックス、阪神、そして立浪中日？

『ホークス3軍はなぜ成功したのか？』『オリックスはなぜ優勝できたのか』『阪神タイガースはなんで優勝でけへんのや？』

私が書いたこの3冊、いずれも書いた年にそのチームが優勝している。

だから、他球団の広報やフロントの関係者の方々から「次はどこを書くんですか？」としょっちゅう聞かれていた。

取材を終え、最後に立浪にあえて〝強調〟しておいた。

「監督、書いたら3連覇中ですから、次、中日ですよ」

「ありがとうございます」

立浪和義の「不退転の決意」を聞いた後だったからかもしれない。

なんだか、ちょっとだけ〝そんな気〟がしてきたから不思議なものだ。

参考文献

『中日ドラゴンズ80年史』中日新聞社編（中日新聞社）
『中日新聞社の百二十年』中日新聞社社長室社史編さん室編（中日新聞社）
『中日新聞社の百三十年』中日新聞社社長室社史編さん室編（中日新聞社）
『星野と落合のドラフト戦略』中田宗男著（カンゼン）
『嫌われた監督　落合博満は中日をどう変えたのか』鈴木忠平著（文藝春秋）
『確執と執念　スジを通した男たち』松永多佳倫著（扶桑社）
『プロ野球「経営」全史』中川右介著（日本実業出版社）
『10・8　巨人vs.中日　史上最高の決戦』鷲田康著（文藝春秋）
『プロ野球にとって正義とは何か』手束仁著（清談社）
『パソコンが野球を変える！』片山宗臣著（講談社現代新書）
『フェアか、ファウルか？』若狭敬一著（東京ニュース通信社）
『もっと、もっとうまくなりたい』福留孝介著（ベースボール・マガジン社）
『風土』和辻哲郎著（岩波文庫）
『県民性』祖父江孝男著（中公新書）
『名古屋のトリセツ』日本経済新聞社編（日経プレミアシリーズ）
『名古屋はヤバイ』矢野新一著（ワニブックスＰＬＵＳ新書）
『日本の異界　名古屋』清水義範著（ベスト新書）
『ベースボールマガジン２０２０年11月別冊紅葉号』（ベースボール・マガジン社）

『ベースボールマガジン２０２１年３月別冊早春号』（ベースボール・マガジン社）
『ベースボールマガジン２０２１年４月号』（ベースボール・マガジン社）
『ベースボールマガジン２０２２年４月号』（ベースボール・マガジン社）
『ベースボールマガジン２０２４年１月別冊新年号』（ベースボール・マガジン社）
『中日ドラゴンズ85年史』ベースボール・マガジン社編（ベースボール・マガジン社）
『プロ野球ドラフト全史２０１２』（ベースボール・マガジン社）
『プロ野球日本ドラフト全史』（ベースボール・タイムズ）
『ドラフト解剖２０２１』（ベースボール・タイムズ）
『サンドラ40周年ファンブック』（東京ニュース通信社）
中日スポーツ、日刊スポーツ、スポーツニッポン、サンケイスポーツ、スポーツ報知、デイリースポーツ

喜瀬雅則（きせまさのり）
1967年神戸市生まれ。スポーツライター。関西学院大学経済学部卒。’90年に産経新聞社入社。’94年からサンケイスポーツ大阪本社で野球担当として阪神、オリックス、近鉄、ダイエー、中日、アマ野球の番記者を歴任。2008年から8年間、産経新聞大阪本社運動部でプロ・アマ野球を担当。産経新聞夕刊連載「独立リーグの現状 その明暗を探る」で’11年度ミズノスポーツライター賞優秀賞を受賞。’17年7月末に産経新聞社を退社。以後は業務委託契約を結ぶ西日本新聞社を中心にプロ野球界の取材を続けている。著書に『牛を飼う球団』（小学館）、『不登校からメジャーへ』『ホークス3軍はなぜ成功したのか？』『オリックスはなぜ優勝できたのか』『阪神タイガースはなんで優勝でけへんのや？』（以上、光文社新書）、『稼ぐ！プロ野球』（PHPビジネス新書）がある。

中日《ちゅうにち》ドラゴンズが優勝《ゆうしょう》できなくても愛《あい》される理由《りゆう》

2024年4月30日初版1刷発行

著　者 ── 喜瀬雅則
発行者 ── 三宅貴久
装　幀 ── アラン・チャン
印刷所 ── 堀内印刷
製本所 ── ナショナル製本
発行所 ── 株式会社光文社
東京都文京区音羽1-16-6（〒112-8011）
https://www.kobunsha.com/
電　話 ── 編集部03（5395）8289　書籍販売部03（5395）8116
制作部03（5395）8125
メール ── sinsyo@kobunsha.com

 ISBN 978-4-334-10291-3